Onofrio Carruba

DAS PALAISCHE

TEXTE, GRAMMATIK, LEXIKON

Studien zu den Boğazköy-Texten

Herausgegeben von der Kommission für den Alten Orient
der Akademie der Wissenschaften und der Literatur
Heft 10

Das Palaische
Texte, Grammatik, Lexikon

von Onofrio Carruba

1970
OTTO HARRASSOWITZ · WIESBADEN

In Zusammenarbeit mit der Deutschen Orient-Gesellschaft

Harrassowitz GmbH & Co. KG
Kreuzberger Ring 7c-d, 65203 Wiesbaden,
produktsicherheit.verlag@harrassowitz.de

Printed in Germany
ISBN 978-3-447-01283-6

INHALTSVERZEICHNIS

Vorwort VII

Literatur- und Abkürzungsverzeichnis IX

Einleitung 1

Die Texte:

1 (Mythos) 7

2 12

3 20

4 25

5 26

6–11 29

12 37

Grammatische Skizze 38

Wörterbuch 48

VORWORT

Die Quellen zur Kenntnis und zur Erforschung der Sprache von Palā, eines der drei Sondergebiete des Althethitischen Reiches, sind nicht zahlreich. Sie waren bis vor kurzem auf zwei größere, aber leider sehr lückenhafte, Texte und einige weitere Fragmente beschränkt. Bei den letzten Ausgrabungen in Boğazköy kamen nunmehr zwei völlig neue größere Ritualfragmente und einige weitere Bruchstücke und Duplikate zutage (s. KBo XIX 150ff.), so daß unser Bild der Sprache bestätigt und abgerundet wird.
Obwohl das Palaische stark fremden Einflüssen durch das nicht-indogermanische Chattische und das indogerm. Hethitische und/oder Luwische unterworfen zu sein scheint, hielten wir es für geboten, eine vorläufige Bilanz unserer heutigen Kenntnisse durch die Sammlung des Materials zu ziehen, was die Texte und das Lexikon betrifft. Eine sehr knappe grammatische Skizze läßt einen Blick auf die vielen noch offenen morphologischen Probleme zu. Dabei gehen zahlreiche Interpretationen und Deutungen von Wörtern und Formen auf eigene Forschungen zurück, die von uns schon gelegentlich als „Beiträge zum Palaischen“ zitiert worden sind und nunmehr an anderer Stelle erscheinen werden. Durch ausführliche Indices dort wird man den Anschluß an das hier vorgelegte Lexikon finden.
Die beigegebenen drei Tafeln sollen eine gewisse Anschauung vermitteln für die Bestimmung von Alterskriterien nach dem Duktus.
Herrn Prof. Dr. H. Otten, der liebenswürdigerweise die neuen Texte für die Bearbeitung und Auswertung zur Verfügung stellte und die Güte hatte, das Manuskript auf Versehen und Unstimmigkeiten durchzusehen, gebührt meine große Dankbarkeit. Ihm bin ich auch für die Aufnahme der vorliegenden Arbeit in die Reihe der StBoT verpflichtet. — Herr Dr. E. von Weiher hat freundlicherweise eine Korrektur, insbes. des Wörterbuches, mitgelesen.

LITERATUR- UND ABKÜRZUNGSVERZEICHNIS

../a, ../b usw.	Nummern unveröffentlichter Boğazköy-Tafeln aus den Grabungen 1931ff.
ABoT	Ankara Arkeoloji Müzesinde bulunan Boğazköy Tabletleri (Boğazköy-Tafeln im Archäologischen Museum zu Ankara). Istanbul 1948.
AfO	Archiv für Orientforschung. Berlin 1926ff.
Bo	Signatur von unveröffentlichten Tafeln aus Boğazköy.
Bossert, HKS	H. Th. Bossert, Ein hethitisches Königssiegel. Istanbuler Forschungen 17, Berlin 1944.
BoSt	Boghazköi-Studien. Herausgegeben von O. Weber. Leipzig 1917ff.
BSL	Bulletin de la Société de Linguistique de Paris. Paris.
Cat.	E. Laroche, Catalogue des Textes Hittites. RHA 58 (1956) 33ff.; 59 (1956) 69ff.; 60 (1957) 30ff.; 62 (1958) 18ff.
Carruba, Satzpartikeln	O. Carruba, Die satzeinleitenden Partikeln in den indogermanischen Sprachen Anatoliens. Roma 1969 (= Incunabula Graeca XXXII).
—, Wišurijanza	O. Carruba, Das Beschwörungsritual für die Göttin Wišurijanza. Wiesbaden 1966 (= StBoT 2).
DLL	s. Laroche, DLL.
Friedrich, HEb^2	J. Friedrich, Hethitisches Elementarbuch. 1. Teil: Kurzgefaßte Grammatik. 2. Aufl. Heidelberg 1960.
—, HWb	J. Friedrich, Hethitisches Wörterbuch. Kurzgefaßte kritische Sammlung der Deutungen hethitischer Wörter. Heidelberg 1952.
Goetze, Kleinasien^2	A. Goetze, Kleinasien. 2. Aufl. München 1957 (= Handbuch der Altertumswissenschaft, III. Abt., 1. Teil, 3. Bd.: Kulturgeschichte des Alten Orients, 3. Abschnitt, 1. Unterabschnitt).
HbOr	Handbuch der Orientalistik, 1. Abt. II. Bd., 1. u. 2. Abschnitt, 2. Lieferung: Altkleinasiatische Sprachen (s. speziell, Kammenhuber, HbOr) Leiden/Köln 1969.
h. h.	hieroglyphisch-hethitisch(es)
IBoT	Istanbul Arkeoloji Müzelerinde bulunan Boğazköy Tabletleri (Boğazköy-Tafeln im Archäologischen Museum zu Istanbul) I. 1944; II. 1947; III. 1954.
JCS	Journal of Cuneiform Studies. New Haven 1947ff.
Kammenhuber, Pal.	A. Kammenhuber, Das Palaische: Texte und Wortschatz RHA XVII (1959) Fasc. 64.
—, Gramm.	A. Kammenhuber, Esquisse de Grammaire Palaïte, BSL LIV (1959) 18—45.

Kammenhuber, HbOr	A. Kammenhuber, Hethitisch, Palaisch, Luwisch und Hieroglyphenluwisch, in HbOr. 1. Abt. II. Bd., 1. u. 2. Abschnitt, Lieferung 2: Altkleinasiatische Sprache, Leiden/Köln 1969, 119—357.
KBo	Keilschrifttexte aus Boghazköi. Leipzig-Berlin 1916ff.
KUB	Keilschrifturkunden aus Boghazköi. Berlin 1926ff.
Laroche, Cat.	s. Cat.
—, DLL	E. Laroche, Dictionnaire de la langue louvite. Paris 1959.
—, Recherches	E. Laroche, Recherches sur les noms des dieux hittites. RHA VII (1946—47) Fasc. 46, 7—139.
Lyd.	Lydisch.
Lyk.	Lykisch.
Luw.	Luwisch.
MDOG	Mitteilungen der Deutschen Orient-Gesellschaft. Berlin 1898ff.
MIO	Mitteilungen des Instituts für Orientforschung. Berlin 1953ff.
MSS	Münchener Studien zur Sprachwissenschaft, herausgegeben von Karl Hoffmann und Johannes Bechert, in Kommission bei J. Kitzinger, München.
OLZ	Orientalistische Literaturzeitung. Leipzig 1898ff.
Or.	Orientalia. Nova series. Roma 1932ff.
Otten, Bestimmung	H. Otten, Zur grammatikalischen und lexikalischen Bestimmung des Luvischen. Berlin 1953.
Pal.	Palaisch.
RHA	Revue Hittite et Asianique. Paris.
SbPAW	Sitzungsberichte der Preußischen Akademie der Wissenschaften. Berlin.
Sprache	Die Sprache. Zeitschrift für Sprachwissenschaft. Wien.
StBoT	Studien zu den Boğazköy-Texten. Wiesbaden 1965ff.
WZKM	Wiener Zeitschrift für die Kunde des Morgenlandes. Wien 1887ff.
ZA NF	Zeitschrift für Assyriologie. Neue Folge. Berlin 1924ff.
ZDMG	Zeitschrift der Deutschen Morgenländischen Gesellschaft. Leipzig/Wiesbaden 1847ff.

EINLEITUNG

§ 1 Der Name Palā[1] bezeichnete eine Landschaft wohl im Nordwesten Anatoliens, die man wahrscheinlich mit dem aus klassischer Zeit überlieferten Blaëne gleichsetzen kann. Palā wird in den aus althethitischer Zeit (d.h. aus dem 17./16. Jh. v. Chr.) stammenden Gesetzen als eine der drei Landesteile des Reiches zusammen mit Luu̯ii̯a-Arzau̯a und Ḫatti genannt, spielte jedoch in der Zeit des Neuen Reiches keine bedeutende Rolle mehr. Die Nennung von Palā beschränkt sich vielmehr auf die Erwähnung von gelegentlichen Feldzügen in jenem Gebiet und der Herkunftsangabe von dort stammender Personen oder Produkte.
Auch in griechisch-römischer Zeit scheint die abgelegene, gebirgige Landschaft Blaëne, die in Paphlagonien aufging und deren Schicksale miterlebte, kaum bedeutend gewesen zu sein.

§ 2 Als Palaisch benennt man seit E. Forrer (1922) die Sprache der obengenannten Landschaft, die sich mit mehreren anderen Sprachen des alten Anatolien (Hethitisch, Luwisch, (Proto-)Chattisch, Churritisch) in den Urkunden der Tafelsammlungen von Ḫattuša (heute Boğazköy/Boğazkale) feststellen ließ.
Die Bezeichnung geht darauf zurück, daß man in hethitischen Texten bei einigen Ritualen für eine Gottheit Ziparwa (vielleicht ein Wetter- und/oder Vegetationsgott, auf Palaisch Zaparwa) und eine bestimmte Reihe von Göttern die Anweisung gibt, daß die „Magierin" *palaumnili memai* „nach Art der Palaer (= auf Palaisch) spricht".

§ 3 Das Palaische ist im Kern eine indogermanisch-anatolische Sprache, die dem Hethitischen und dem Luwischen des 2. Jahrtausends sehr nahesteht.
Zu dieser Erkenntnis war man durch E. Forrer (1922) gekommen. Sie wurde dann von H. Otten (ZA NF XIV [1944] 119ff.; AfO XV [1945–51] 81f.) weiter ausgebaut, obwohl viele Einzelheiten der Sprache erst in letzter Zeit durch Studien verschiedener Gelehrter präzisiert werden konnten.

---

1) Die Graphik bietet überwiegend *Pa-la-a* (so auch wohl mit A. Goetze, JCS 20, 1966, 52 zu StBoT 1, S. 24 II 14/20); daneben ist einmal *Ba-la-a* (KUB XXI 16 I 9) und ein weiteres Mal *Pa-a-la-a* (KBo IV 13 I 46) belegt.

Die Tafeln, oder besser, da kein einziger palaischer Text vollständig erhalten ist: die Partien von hethitischen Ritualen, die in palaischer Sprache geschrieben wurden, sind leider sehr wenig zahlreich und vor allem insgesamt sehr fragmentarisch auf uns gekommen.

§ 4 Das Palaische ist in der Boğazköy-Variante der altbabylonischen Keilschrift geschrieben, mit der auch alle übrigen Texte auf dem Boden von Ḫattuša bis auf wenige, als Import anzusehende Stücke (etwa Briefe), aufgezeichnet sind. Ein Teil der palaischen Texte ist gar in einem älteren Duktus niedergeschrieben, und somit in Exemplaren aus der Zeit vor der Mitte des zweiten Jahrtausends v. Chr. auf uns gekommen.
Im Zeichengebrauch zeigen die palaischen Texte einige Besonderheiten, die wohl teils auf das Alter der Urkunden, teils vielleicht auf Eigenarten der Lautlehre des Palaischen oder des Chattischen als Substratsprache zurückzuführen sind.
Dabei handelt es sich insbes. um den Gebrauch von einigen Sonderzeichen für Lehnwörter aus dem Chattischen (darunter der Name des Gottes Zaparwa selbst), nämlich PI+A, transkribiert als *ṷa*$_a$; PI+U als *ṷu*$_u$ usw. Der gleiche Schreibgebrauch besteht übrigens auch für das Churritische und deutet vielleicht auf das Vorhandensein eines spirantischen Labials /*f*/ im Chattischen und demnach wahrscheinlich auch im Palaischen hin (ausgehend von diesen Lehnwörtern).

§ 5 Die Texte lassen sich in mehrere Gruppen einteilen, wobei in jedem Falle längere oder kürzere Textpartien in palaischer Sprache mit hethitischen Ritualen verbunden erscheinen:

a) Ein als „Mythos" bezeichneter Text, weil einige Wendungen („sie essen, werden aber nicht satt"), Personen (Sonnengott und „Adler") sowie Örtlichkeiten (Stadt Liḫzina) mit den bekannten Erzählungen vom verschwundenen Gott übereinstimmen. — Der Text ist verbunden mit einem Ritual in der 1. Person Plural. Die Überlieferung ist althethitisch: Texte 1 und 12.

b) Rituale und Opfersprüche für den Gott Zaparwa und weitere neun Götter bzw. Gruppen von Gottheiten. Diese Texte scheinen eine reiche Überlieferungstradition gehabt zu haben. Wenn 2 C die Niederschrift mit einer hethitischen Einleitung beginnen läßt, wird man daraus vielleicht schließen dürfen, daß den palaischen Sprüchen von 2 A und 2 B eine gesonderte Ritualtafel in hethitischer Sprache vorausgegangen ist. — Hier zusammengestellt als Texte 2 und 3.

c) Der Text Nr. 5 läßt sich vielleicht als Reinigungsritual mit breiten palaischen Partien für das Königspaar deuten.

d) Alle übrigen Texte (Nrn. 6–11) enthalten nur einzelne palaische Sprüche und sind angesichts des schlechten Überlieferungsbildes schwer zu interpretieren. Gelegentlich ist gar die sprachliche Zugehörigkeit dieser lückenhaften Sprüche zweifelhaft.

e) Schließlich gibt es — hier als Nr. 4 gebracht — das Bruchstück eines sonderbaren Textes (Ritual vielleicht nach Z. 14′f.), der in den drei Landessprachen abgefaßt zu sein scheint: Hethitisch (Z. 14′–16′), Luwisch (Z. 9′–13′) und Palaisch (Z. 8′ sowie 17′ bis Ende); der Anfang (Z. 1′–7′) ist sprachlich mehrdeutig. Auch hier werden Tabarna und Tawannana genannt (s. unter c).

§ 6 Im Gegensatz zum Luwischen, das die altanatolische Onomastik und die Toponymie weiter Teile Kleinasiens beeinflußt hat, lassen sich kaum typisch „palaische" Namen aussondern. Nur wenige ausdrücklich aus Palā stammende Personen werden genannt, und hierbei handelt es sich um Lallwörter von altanatolischem Typus, wie z. B. ᶠ*Annā* ˢᴬᴸŠU.GI ᵁᴿᵁ*Palā* „Annā, die Magierin aus Palā" KBo XVII 47 Vs. 1 (der folgende Ritualtext ist auf Hethitisch abgefaßt!).
Die einzige, jedoch ganz unsichere Ausnahme, bildet vielleicht eine Gruppe von Namen auf *-iga-*, die schon in den altassyrischen Tafeln von Kaneš-Kültepe vorkommen und sich vielleicht durch das adjektivbildende Suffix *-iga-* des Palaischen auf diese Sprache zurückführen lassen.

§ 7 Wir haben oben angedeutet, daß die Sprache so eng mit dem Hethitischen und Luwischen (sowie mit dem späteren Hieroglyphen-Luw./Hethitischen, Lykischen und Lydischen) verbunden ist, daß es mit diesen jene Sprachgruppe bildet, die wir „Indogermanisch-Anatolisch" oder einfach „Anatolisch" nennen, unter Ausschluß des nicht-indogermanischen Churritischen und Chattischen, sowie des späteren indogermanischen Phrygischen und Armenischen: Im gleichen Sinne also, wie etwa Italisch gewisse idg. Sprachen bezeichnet, unter Ausschluß des nicht-idg. Etruskischen, Ligurischen, Sikanischen und des idg. Messapischen und Venetischen.
Ohne die Ergebnisse der grammatischen Skizze vorwegnehmen zu wollen, möchten wir hier auf einen Zug des Palaischen hinweisen, der sich nach den letzten Forschungen und z. T. auch erst durch die neugefundenen Texte herausgestellt hat. Die Sprache zeigt nämlich Merkmale, die

jeweils für das Hethitische und das Luwische charakteristisch sind. Wir heben hier kurz einiges hervor, mit dem Vermerk der näheren sprachlichen Beziehung:

	zum Luwischen:	zum Hethitischen:
1.	Nicht-Assibilierung von *-ti*	
2.	*-ku-* zu *-ḫu-*(*aḫuna*)	
3.		*-tn-* zu *-nn-* (*Gulzannikeš* aus **Gulzatn-ikeš*)
4.	Pluralformen auf *-nza*	N.Pl. auf *-eš*; Akk.Pl. auf *-aš*
5.	Gen. auf *-ašaš*	
6.	1.Sing.Prät. auf *-ḫa*	
7.	Infinitiv auf *-una*	
8.	Partizip auf *-man* (*patamman*)	Partizip auf *-ant-*
9.	Iterativ auf *-ša-* (*piša*)	Iterativ auf *-šk-* (*azziki*)
10.	Partikeln: *a-*; *-tta*; (*-pa-*?)	Partikeln: *nu-*; *-ku*
11.		Konjunktionen: *-ma*; *-a*
12.	Enkl.Pron.: Dat.Sg. *-du*	Enkl.Pron.: N.-A.Sg.n. *-at*; Pl. *-e*

§ 8 Die Beurteilung einer solchen komplexen Lage ist schwierig: es kann sich um ein archaisches Stadium der Sprache handeln, das dem Gemeinanatolischen sehr nahe stand und Elemente bewahrte, die später von den verschiedenen Sprachen jeweils ausgesondert wurden. Oder aber, wir haben vielleicht eine Sprache vor uns, die dem Hethitischen nahe stand, später aber in engeren Kontakt mit dem Luwischen trat und so von diesem überlagert wurde, daß dieses eigenartige Sprachgebilde entstand.

Wir dürfen dabei aber nicht vergessen, daß das Palaische sehr früh ausgestorben sein dürfte, und auf jeden Fall die Schreiber wohl Hethiter waren, denen jene Sprache fremd und sicher nicht geläufig war.

§ 9 Die Geschichte der Erforschung des Palaischen teilt sich in mehrere, weit auseinanderliegende Perioden.

Zunächst war es E. Forrer, der nach einigen kurzen Hinweisen (SbPAW 1919 S. 1035; MDOG 61, 1921, 25) auf die Existenz auch des Palaischen unter den Boğazköy-Sprachen, die Grundlagen unseres Wissens legte, indem er nur anhand der später als IBoT II 35 und 36 publizierten Texte die morphologischen Beziehungen zum Hethitischen und Luwischen herausstellte (ZDMG 76 = NF 1, 1922, 241ff.).

H. Otten erweiterte das Forschungsmaterial, indem er in KUB XXXII 16–18 im Jahre 1942 drei neue Texte publizierte und kurz darauf ZA NF XIV (1944) 119–145; AfO XV (1945–51) 81f.; Wissenschaftliche Annalen II (1953) 327ff.; s. auch Bestimmung, S. 51f. eine Reihe tiefgreifender, kombinatorischer Textanalysen unternahm, wodurch das Palaische sich endgültig als indogermanisch erwies. Auf die gleichen Schlußfolgerungen war unabhängig auch H. Th. Bossert, HKS (1944) 72ff., 302ff.; MIO II (1954) 96ff. gekommen, der sich aber stark auf das Hethitische stützte und die palaischen Texte weniger aus sich heraus interpretierte.

Die Edition der neuen Texte in KUB XXXV 159, 163–168 durch H. Otten (1953) drängte weitere Forscher zur Mitarbeit, so F. Cornelius, WZKM LII (1955) 272ff., allerdings mit wenig Erfolg. Weiter führten die scharfsinnigen Untersuchungen am Palaischen von E. Laroche, RHA XIII (1955) 74–78 und vor allem von A. Kammenhuber, OLZ 1955, 352–358; RHA XIV (1956) 1–21. Letztere legte auch eine Sammlung der Texte in Transkription, mit eingehendem Kommentar, und einer Wörtersammlung vor: Das Palaische, Texte und Wortschatz, RHA XVII (1959) 1–92 und einen Esquisse de Grammaire Palaite (BSL LIV, 1959, 18–45). Die damit gewonnenen Ergebnisse haben jetzt ihren Niederschlag im Handbuch der Orientalistik (HbOr) gefunden.

Entscheidend Neues für die Forschung am Palaischen erbrachte dann die Arbeit von P. Meriggi, RHA XXI (1963) 1–8, der durch eine nunmehr sinnvolle Anlehnung an das Luwische eine Reihe von morphologischen Elementen (Pronomina, Partikeln, nominalen Endungen) herausstellen konnte, die bis dahin kaum deutbar gewesen waren.

Fast gleichzeitig hatte der Verf. eine Untersuchung der Satzpartikeln in den anatolischen Sprachen unternommen und war dadurch auch zur Analyse des Palaischen gelangt. Einiges Neue war schon erreicht und eine erste Fassung der vorliegenden Arbeit wurde in den von uns in früheren Aufsätzen wiederholt zitierten „Beiträgen zum Palaischen" niedergeschrieben. Kurz darauf kamen aber neue, bedeutsame Textfunde zutage, die uns Prof. Otten liebenswürdigerweise zur Verfügung gestellt hat. Das machte die Umarbeitung der „Beiträge" nötig, wobei es durch die neueren Ergebnisse der Forschung notwendig erschien, alle Texte neu zu umschreiben, sowie ein vollständiges Lexikon und eine grammatische Skizze beizufügen.

DIE TEXTE

Textkonkordanz und Angaben zu Duktus und Fundort

Text-nummer		Editions-nummer	Grabungs-nummer	Duktus	Fundort
1.	A	KUB XXXII 18	107/b	alt	Büyükkale, Geb. A
	B	KUB XXXV 168	701/c	alt	Büyükkale, Geb. A
	C	KUB XXXII 16	76/b	alt	Büyükkale, Geb. A
2.	A	KUB XXXV 165	1551/c + 1720/c + 2132/c + 264/f	typ. alt	Büyükkale, Geb. A
	B_1	IBoT II 36(+)	Bo 4166		—
	B_2	KUB XXXII 17 + KUB XXXV 167	48/a 1653/c	ältlich	Büyükkale, Geb. A
	C	IBoT II 35 + KBo XIX 150	Bo 3954 527/v		Tempel I, Ostmagazine
	D	KBo XIX 151	1155/v		Tempel I, Ostmagazine
3.	A	KBo XIX 152	1587/u + 2/y		Tempel I, Ostmagazine
	B	KBo XIX 153	696/z		Tempel I, Ostmagazine
	C	KUB XXXV 166 + KBo XIX 154	Bo 8301 1138/v	ältlich	Tempel I, Ostmagazine
4.		KBo XIX 155	1109/v	ältlich	Tempel I, Ostmagazine
5.	A	KUB XXXV 163	Bo 2539		—
	B	KBo XIII 265	1183/u		Haus in L/18
6.		KBo XIX 156(+)	1550/c	ältlich	Büyükkale, Geb. A
7.		KUB XXXV 164	120/f	ältlich	Büyükkale, Geb. A
8.		KUB XXXV 159	Bo 9353		—
9.		KBo XIII 267	795/u		Haus in L/18
10.		KBo XIX 157	1286/z		nördl. Tempel I
11.		KBo XIX 158	321/v		Tempel I, Ostmagazine
12.		KBo XIX 159	409/z	alt	nördl. Tempel I

Text Nr. 1 (Mythos)

a) Übersicht

A. KUB XXXII 18 Vs., Rs

B. KUB XXXV 168 Vs.

C. KUB XXXII 16 Rs.

b) Beschreibung

Man hat diesen Text als „Mythos“ bezeichnet, weil Kol. I der Vs. stark an den Mythos vom verschwundenen, gesuchten und wiedergefundenen anatolischen Vegetationsgott erinnert, der uns im Hethitischen vor allem durch den Telipinu-Mythos erhalten ist (s. E. Laroche, RHA XXIII, 1965, 89ff.). Die Rs. IV zeigt dagegen einzelne palaische Sätze neben refrainartigen hymnischen Partien. Überraschenderweise bieten daneben Vs. II und Rs. III einen Ritualtext in hethitischer Sprache, der — soweit erhalten — keinerlei direkten Bezug zu den palaischen Texten aufweist. Haben wir es also mit einer Sammeltafel zu tun, so daß auch die beiden palaischen Texte von Vs. I und Rs. IV nicht in einem organischen Bezug zueinander stehen?

Alle drei Fragmente stammen aus dem Fundkomplex des Gebäudes A von Büyükkale. Zu vermerken ist, daß A, B und C nach dem Photo eine ähnliche Handschrift aufweisen, die weitgehend dem sog. alten Duktus entspricht. Das Exemplar C zeigt dabei ein etwas weniger gedrängtes Schriftbild, es ist also kaum mit Exemplar B zur gleichen Tafel zusammenzufassen. Exemplar A zeigt den schmalen Kolumnentrenner, wie er für die alten Tafeln üblich ist, vgl. StBoT 8, 5. Die Niederschrift des Textes in allen drei(?) Exemplaren ist damit in die Zeit vor 1500 v.Chr. zu datieren.

c) Bibliographie

Otten, ZA NF XIV (1944) 119ff.; AfO XV (1945–51) 81f.; Bossert, HKS 84ff.; Cornelius, WZKM LII (1955) 272ff.; Kammenhuber, OLZ 1955, 363ff.; Pal. 40ff.; Gramm. 42ff.; HbOr 353f.; Meriggi, RHA XXI (1963) 3ff.; Carruba, Satzpartikeln, 33; 69f.

1. A KUB XXXII 18

Vs. I

---

x+1 *-ku-u̯]a-ar-zi p[a-n]a-a̤-[ga-an-zi*[a]
2′ *-n]a ú-la-a-an-na ki-i̤[(-)*
(-)]kụ-ti-pa-an-ta i-it-nạ[-
4′ *(-)]kụ-ti-pa-an-ta i-it-na-a̤[-*

(-)š]a[b]*-na-ku-pa-an-ta šu-u̯a-a-ru* ! *ša-a-ú-ị[-*
6′ *-]an-za ma-a-ar-za ma-a-aḫ-la-an-za a-an-ti-en-ta ma-ạ[-ar-ḫa-aš]*
[a-]tạ-a-an-ti ni-ip-pa-ši mu-ša-a-an-ti a-ḫu-u̯a-an-ti ni-ip-pa-aš ḫa-ša-an-ti

---

8′ *[ti-]i̯a-az-ku-u̯a-ar ú-e-er-ti ka-a-at-ku-u̯a-a-at ku-it a-ta-a-an-ti*
[ni-]ip-pa-ši mu-ša-a-an-ti a-ḫu-u̯a-a-an-ti ni-ip-pa-aš ḫa-ša-a-an-ti
10′ ×-[c] *ḫa-ra-a-aš-ku-u̯a-ar-zi pa-na-a-ga-an-zi ši-i-it-tu-u̯a-ra-an*
[ši-]ịt-ta-an ḫa-pí-it-ta-la-an-ku-u̯a-ra-an ši-it-ta-an

12′ *] ni-ip-pa-an ḫa-an-ta-na-a-ti ši-i-it-ta-an-ku-u̯a-ra-an*
š]a-a-ú-i-ti-ra-an-ku-u̯a-ra-an ši-i-it-ta-an
14′ *-]ra-an-ta* URU*li-iḫ-zi-i-na ú-la-a-an-na ḫa-an-tạ[(-)*

š]i-it ni-it-ku-u̯a-at pa-ra-i-it a-ku-an
16′ *-]it nu(-)ša-a-ú-i-da-a-ar ku-it-ku-u̯a-ar*
-d]u i-ú a-an-ti-en-ta ma-a-ar-ḫa-aš
18′ *m]u-ša-an-ti a-ḫu-u̯a-an-ti ni-ip-pa-aš ḫa-ša-a-an-tị*

-u̯]a[d]*-an-ta-an-ku-u̯a-r[a-an]*

---

a) Erg. nach Vs. I 10′, jedoch unsicher.
b) Auch *t]a-* oder *n]a-* möglich.
c) Ob hier MUŠEN als Determinativ zu ergänzen? Vgl. 1. B 7′ [*ḫa-*]*a-ra-na-aš*? und Kammenhuber, Pal. 50.
d) Falls das Zeichen so zu lesen ist, könnte Z. 19′ die unmittelbare Fortsetzung von 1. B 7′ *pí-ik-ku-* bieten, so daß fast die vollständige Zeile rekonstruierbar wäre; s. Kammenhuber, Pal. 42.

1. B KUB XXXV 168

x+1 *-ku-]u̯ạ-ra-ạn* [
2′ *-r]a-ạn-ta* URU*li-i[ḫ]-zi-[i-na*

---

n]a?-an ši-i-it ni-it-ku-u̯a-at pa-ra-a-i[t
4′ *]na-an ši-i-it nu ša-a-ú-i-da-a-ar ku-[it-ku-u̯a-ar*
]i?-ú(-)ku-u̯a-ra-du i-ú a-an-ti-en-ta ma-a-a[r-ḫa-aš
6′ *ni]-ip-pa-ši mu-ša-a-an-ti a-ḫu-u̯a-an-ti ni-i[p-pa-aš*

ḫa]-a-ra-na-aš ša-pa-na-a-an pí-ik-ku[-
8′ *-š]a*[a] *ḫa-an-ta-ša-a-an-ku-u̯[a-i]t*[b][(-)

-]a-ša-at ma-a-ra-na-at [(-)
10′ (-)*]ạ-an ḫu-e-ri*(-)×-×-[
(-)*]ạ-ni-i̯a-*×[

12′]-×-×-[

---

a) Auch Lesung *-t]a* möglich.
b) Oder *-u̯[a-a]m*[(-)?

Vs. II und Rs. III von KUB XXXII 18 erweisen sich nachträglich als Duplikat zu dem althethitischen Ritual KBo XVII 25, das Ähnlichkeiten aufweist zu dem in StBoT 8 bearbeiteten umfangreichen Ritualtext ABoT 4+, auch in der Markierung eines stärkeren Sinnabschnittes durch einen Doppelstrich (Vs. II 2′ „Wenn am dritten Tage"). Der wiederherzustellende Kontext lautet:

Vs. II

x+1 *a-a*[(*p-pa-an la-a-ḫu*) *-i*]

2′ *ma-a-a*[(*n I-NA* UD III^{KAM} *a-ap-pa pa-i-u̯a-ni na*)-
nu A-N[(*A* DINGIR^{LIM} *UŠ-KI-EN na-pa* ^{DUG}*te-eš-šum-mi-i̯a-aš*)
4′ *ša-r*[(*a-a tu-me-e-ni an-da-ma-an na-at-t*)*a*
šu-u̯[*a-*

6′ *n*[(*a-aš-ša-an kat-ta* ^{DUG}GÌR.KIŠ-*i̯a la-ḫu-e-ni*)

---

1. A KUB XXXII 18

Rs. IV

---

x+1 -]*ši-in zu-u*[*z-zu-u̯a-*
2′ ^{D}*za-p*]*ár-u̯a*$_{a}$*-ši-in zu-uz-zu̯-u̯a̯*[*la*]*-u̯a*$_{a}$*-a-at-ta*[*-an-na*]
-*a*]*n la-u̯a*$_{a}$*-a-at-ta-an-na ma-an-za-ki-i̯l-ba-aš ú-li̯*[(-)]

4′ [*a-a-i tu-ú-u̯a*] *a-a-i tu-ú-u̯a tu-u̯a-u̯a*$_{a}$*-an-te-li i-li-na-a-i-i̯a*
[*a-at-ta-u̯*]*a*$_{a}$*-an-ta tu-ú-u̯a tu-u̯a-u̯a*$_{a}$*-an-te-li i-li-na-a-i-i̯a*
6′ [*a-a-i t*]*u-ú-u̯a a-a-i tu-ú-u̯a tu-u̯a-u̯a*$_{a}$*-an-te-li i-li-na-a-i-i̯a*
[*a-*]*at-ta-at-ta-u̯a*$_{a}$*-an-ta tu-ú-u̯a tu-u̯a-u̯a*$_{a}$*-an-te-li i-li-na-a-i-i̯a*
8′ *a-a-i tu-ú-u̯a a-a-i tu-ú-u̯a tu-u̯a-u̯a*$_{a}$*-an-te-li i-li-na-a-i-i̯a*

ú-um-ma-i̯a ma-i-ú ú-um-ma-i̯a-al-la tu-ú-u̯a zi-iz-za-ru-u-pí-i̯a
10′ ^{LÚ}*ma-i̯a-an-za u̯a-at-ḫa-la-aš* ^{D}*za-pár-u̯a*$_{a}$*-ta-ša-aš ḫar-ki-i-na-ša-a-pa*(-)*i-i̯a-ti*
ú-um-ma-i-i̯a ma-i-ú ú-um-ma-i̯a-al-la tu-ú-u̯a zi-iz-za-ru-u-pí-i̯a

---

KUB XXXII 18 Rs. III

x+3 KA[B?
4′ *a-a[p?-*
IM-*a*[(*š k*)*i-*
6′ *iš-ka*[(*-a-a*)*r-*
ḫ̮u-ḫ̮u-p[(*a-al-li za-*×)

8′ *nụ-uš-š*[*a-a*(*n* IM-*aš ta-a-pí*)*-*

---

1. C KUB XXXII 16

x+1 [*tu-u̯a-u̯a*$_{a}$*-a*]*n-te̤-li̤* [*i-*]*li̤-na̤-a-ị*[*-i̯a*

2′ [*ú-um-m*]*a-i̯a ma-i-ú ú-um-ma-i̯a-a*[*l-la*
[^{LÚ}*ma-i̯*]*a-an-za u̯a-at-ḫ̮a-la-aš* ^{D}*za-pár-u̯a*$_{a}$-[*ta-ša-aš*]
4′ [*ḫ̮ar-ki-i-n*]*a-ša-a-pa-i-i̯a-ti ú-um-ma-i-i̯a*[
[*ú-um-ma-i̯*]*a-al-la tu-ú-u̯a zi-iz-za-r*[*u-u-pí-i̯a*

KUB XXXII 18 IV

12′ *[u̯]a-ar-ki-i̯a ku-in-na-ti-pí-i̯a-an ḫa-ap-ša-aš-ša-aš*
ụ-um-ma-i-i̯a ma-i-ú ú-um-ma-i̯a-al-la tu-ú-u̯a zi-iz-za-ru-u-pí-i̯a
14′ *ị-na-aš-ša-aš-ku u̯a*$_a$*-ti-i̯a-am-pí ku-in-na-aš-ša-aš-ša[-*]×[
ụ-um-ma-i-i̯a ma-i-ú ú-um-ma-i̯a-al-lạ tụ-[ú-u̯a zi-iz-za-ru-u-pí-i̯a]

16′ *-]in-na-aš-ša-aš-ku u̯a*$_a$*-ti-i̯a-a[m-pí*
[ú-u]m-ma-i-i̯a ma-i-ú ú-[um-ma-
18′ *[u̯]a*$_a$*-a-na ku-in-na-[ti-pí-i̯a-an*
[ú-um-]ṃạ-ị̯-[i̯a

Text Nr. 2

a) Übersicht

A. KUB XXXV 165

B. = B_1 IBoT II 36 (+) B_2 KUB XXXII 17 + KUB XXXV 167

C. IBoT II 35 + KBo XIX 150 (= 527/v)

D. KBo XIX 151 (= 1155/v)

b) Beschreibung

Das Ritual, das die Brotopfersprüche (Laroche, Cat. 437, "Formule des pains") enthält, ist durch Neufunde um ein oder zwei kleine Fragmente vermehrt worden (s. weiter unten).
Zu Text A ist nichts Neues hinzugekommen. Jedoch ist seine Benennung als „Kladde" (Kammenhuber, OLZ 1955, 363f.; Pal. 2) zu korrigieren (Kammenhuber, HbOr 143 Anm. 1 nach brieflicher Mitteilung Ottens), handelt es sich doch vielmehr um einen Text mit allen Eigentümlichkeiten des alten Duktus, der eng gesetzten Schrift mit unklaren Wortabständen und dem Textbeginn auf dem oberen Rand der Vs.
Die einkolumnige Tafel konnte aus vier Fragmenten etwa zur Hälfte wiedergewonnen werden; Fundort ist das Gebäude A auf Büyükkale.
Auch das Exemplar B (KUB XXXII 17 + KUB XXXV 167) stammt von dem gleichen Gebäude A auf Büyükkale. Es schreibt die einzelnen Wörter mit deutlichen Spatien, dem Duktus nach handelt es sich um eine jüngere Niederschrift (Kopie).

KUB XXXII 16

6′ [*u̯a-ar-k*]*i-i̯a ku-in-na-ti-pí-i̯a-an ḫa-a*[*p-ša-aš-ša-aš*]
[*ú-um-ma-*]*i̯-i̯a ma-i-ú ú-um-ma-i̯a-al-la* [
8′ [*in-na-aš-š*]*a-aš-ku u̯a*$_a$*-ti-i̯a-am-pí ku-in-na-aš*[*-ša-aš-ša-*
[*ú-um-ma-i*]*-i̯a ma-i-ú ú-um-ma-i-i̯a-a*[*l-la*

10′ *-š*]*a-aš-ku u̯a*$_a$*-ti-i̯a-am-pí an*[*-*
m]*a-i-ú ú-um-ma-*[*i-i̯a-al-la*
12′ *ku-in-na-t*]*i-pí-i̯a-a*[*n*

Unbekannt nach seiner Herkunft ist IBoT II 36 = Bo 4166, von Kammenhuber als Expl. C gezählt. Da das Stück nach Tonfarbe und Duktus mit Expl. B übereinzustimmen scheint, möchte ich jedoch Zugehörigkeit zu Expl. B erwägen. Da IBoT II 36 den Anfang des Textes, d. h. die Entsprechung zu A I 1–4 enthält, werden wir es hier mit B_1 (und entsprechend Kammenhubers B mit B_2) bezeichnen.

[Bedenken gegen diese Zuordnung resultieren daraus, daß

1) die Bo-Nummern aus den Grabungen Winckler-Makridis nicht aus dem Gebäude A selbst stammen können, also Streufund?
2) IBoT II 36 eine andere Zeileneinteilung als A hat, während KUB XXXII 17 + in der Zeilenlänge mit A übereinstimmt (Kammenhuber, Pal. 2). Die Tatsache, daß die Exemplare C und D einwandfrei von einem anderen Fundort stammen, und zwar aus den Ostmagazinen des Großen Tempels, läßt auch für IBoT II 36 = Bo 4166 eine solche Herkunft naheliegend erscheinen (H. Otten)].

Kammenhubers D = IBoT II 35 kann nunmehr C genannt werden. Es wird links von Z. 3 an durch KBo XIX 150 mit direktem Anschluß ergänzt, wobei der zweite Abschnitt des hethitischen Teils vervollständigt wird. Dieses Exemplar unterscheidet sich nämlich von A und B durch die heth. Einleitung. — Es ist sprachlich als alt zu erweisen (*a-ap-pa-an-na-an-da* Z. 4, StBoT 8, 94; *ti-it-nu-an-zi* Z. 5, StBoT 11, 25), jedoch ist die Tafel nach Ausweis des Duktus eine jüngere Niederschrift.

Das kleine, als KBo XIX 151 (= 1155/v) veröffentlichte Fragment stelle ich als D zum Ritual 2, und zwar aus folgenden Gründen: Die Zeilen 5′–8′ scheinen den üblichen Spruch für eine Gruppe von Gottheiten zu enthalten, deren Namen auf *-keš*, ja vielleicht auf *-nikeš* endet, was auf die *Gulzannikeš* (oder evtl. die ^{D}*Ulilii̯antikeš*) schließen läßt (die ^{D}*Ililii̯antikeš* bleiben ausgeschlossen, da ihre Formel nach B_2 16′ anders lautet). Nach der für die palaischen Gottheiten üblichen Reihenfolge dürfte das Bruchstück in die zweite Hälfte eines größeren Rituals gehören. Unwahrscheinlicher ist die Zuordnung von D zum Text Nr. 3, obgleich auch dieser nach A Vs. II 5′–7′ vermutlich die gleiche Formel zeigt und 3 C 8′ *ṷa-a-šu-ni-ki-eš* schreibt, wie unser D 5′, gegen Text 2, der immer *ṷa-a-šu-ki-ni-eš* bietet.

---

2. A KUB XXXV 165

Vs.

[nu-ú] ^{D}[za-pá]r-ṷa$_{a}$ nu-ú ^{D}za-pár-ṷa$_{a}$-a šu-u-uš-te[a] *ḫa-a[-an-da]*

2 *[lu-]kị-ịn[-]*[b]*lụ-ki-in-ta nu-ú-ṷa-šu lụ-ki-i-* [c]*it*

[t]a-a-u-ṷ[a-i̯]a-an-ta ḫa-al-pí-i̯a-lạ lu-ki-i-it a-an-ta

4 *[šu-u]n-nu-ṳt-ti-la šu-ṷa-a-an-da lu-ki-i- it*

[-]×-i-it[d]*-kụ*[e] *ta-ba-ar-na-aš ^{SAL}ta-ṷa-na-an-na-aš pu-la-a-ši-n[a]*

6 *[šu]-un-nu-ut-ti-la šar-ku-ta-at pa-at-ḫi-na-at ša-pa-a-ma-an ḫa-a-a[n-ta]*

[^{D}]za-pár-ṷa-a-ša-an-pa-ti ták-ku-ṷa-a-ti ma-a-an-ti mar-ḫa-a-an-za ma-a-an-t[i -i̯]a-an-za

8 *e̤*[f]*-pa a-ri-e a-an-ta ṷu$_{ú}$-la-a-ši-na šu-un-nu-ut-ti- la*

[š]u-ṷa-a-an-ta ta-a-az-zu-un- ta

---

10 *ki-i-at ta-ba-ar-na-aš ḫu-ṷa-ar-ni-na-i*[g] *ša-pa-u-i-na-i*[g]

a-ti-it-ta ši-rị-an pa-ri-na-at ša-li-iq-qa- at

12 *ṷu$_{ú}$-la-ši-ne-k[i-eš] ṷa-a-šu-ki-ni-eš ši-mi-i̯a-a-aš ki-i-ta-ar*

ṷa-a-šu ú-iš-ta-[aš] šạ-am-lu-ú-ṷa-aš ṷu$_{ú}$-la-ši-na-aš ki-i-ta-ar

14 *ṷa-a-šu ú-iš-ta-[aš m]a-li-ta-an-na-aš ṷu$_{ú}$-la-ši-na-aš ki-i-ta-ar*

ku-i-ša tu-ú ṷu$_{ú}$-[la]-ạ-ši-na-aš ka-a-ar-ti a-ti-a-pa-an az-zi-ki-i

---

16 *nu-kụ ^{D}ka-taḫ-zi-pu-r[i-iš] kụ-li-ṷa-li-iš ku-ṷa-ni*[c]*- iš*

k[i-i-a]t ṷu$_{ú}$-la-ši-ni-ki-e[š ṷ]a-a-šu-ki-ni-eš ši-mi-i̯a-a-aš[h] *ki-i-t[a-a]r*

---

a) Danach Spuren von Zeichen, vermutlich getilgt.

b) Dem Raum nach nur so möglich: vgl. auch C Vs. 8; Kammenhuber, Pal. 3 *lu-ki-in[-ta l]u-ki-in-ta.*

c) Rasur.

d) Evtl. *lu-ki-i-it-* zu ergänzen.

e) So nach Kollation (Otten).

f) So dem Raum nach, oder *a-a-pa*?

g) Danach *ta* oder *ša* getilgt.

h) So nach Photo und ZA NF XIV 139; Ed. irrtümlich *-i̯a-aš*.

c) Bibliographie

Otten, ZA NF XIV (1944) 119ff. passim; Cornelius, WZKM LII (1955) 272ff.; Kammenhuber, OLZ 1955, 363ff.; RHA XIV (1956) 15; Pal. 2ff.; Gramm. 43ff.; HbOr 352f.; Bossert, MIO II (1954) 96ff.; Laroche, RHA XIII (1955) 74ff.; Meriggi, RHA XXI (1963) 3ff.; Carruba, Satzpartikeln, 25, 34, 70, 90.

---

2. B_1 IBoT II 36

Vs.

[nu]-ú ^{D}*za-pár-u̯a*$_{a}$*-a nu-ụ́[*
2 *[š]u-u-uš-te(-)ḫa-an-da* [

---

[l]u-ki lu-ki-in-ta nu-u̯[a-šu
4 *ta-a-u̯a-i̯a-an-ta ḫa-al-pị́[-i̯a-la*
a-an-ta u̯u$_{á}$*-la-a-ši-na* [
6 *šu-u̯a-a-an-ta* [

(unlesbare Spuren mehrerer Zeichen)

2. B_2 KUB XXXII 17 + XXXV 167

x+1 *[k]ụ-ị[-ša*

2′ *nu-ku* ^{D}*k[a-taḫ-zi-*
ki-i-at u̯[u$_{á}$*-la-ši-ni-ke-eš*

KUB XXXV 165 Vs.

18 *ṷ[a-a-šu ú-i]š-ta-aš ša-am-l[u-ṷ]a-aš ṷu*$_{ú}$*-la-ši-na-aš*[i] *ki-i-t[a-ar]*
ṷ[a-a-šu ú-]iš-ta-aš ma-li[-ta-a]n-na-aš ṷu$_{ú}$*-la-ši-na-aš ki-i-t[a-ar]*
20 *[ku-i-ša t]u-ú ṷu*$_{ú}$*-la-ši-na-aš [k]a-a-ar-ti a-ti-a-pa-an az-zi-[ki-i]*

[nu-ku] pa-aš-ḫu-ul-la-ša-aš ti-[i̯a-]az ta-ba-ar-ni LUGAL-*i pa-a-pa-az-ku-ar*[j] *ti-i*
22 *[a-an-na-]az-ku*[l]*-ar ti-i iš-ka[n]u-uš-ši-i̯a-am-pí ti-i a-ri nu-uš-ši-am-pí ti-i*
[a-ru-u-]na-am-pí ti-i ú-i-te-ši [ ]a-an-ta-na-an ti-i ú-i-te-ši
24 *[ki-i-a]t [ṷu*$_{ú}$*-l]a-ši-ni-ki*[k]*-eš ṷa-a-šu-ki-ni-eš ši-mi-i̯a-a-aš ki-i-tar* KI.MIN
-]×-×-×-×[l] [*ma-a]n*[m]*-p[a-š]i mu-ú-ši a-pa-ni-du ku-iš*
26 -]×*-pa ta-ba-ar-na-aš ṷa-a-šu ma-a-ra-na-an*

] KI.MIN
28 *-l]i-×-ma-an a-aš-du*[n]

---

i) Rasur.
j) Zeichen auf Rasur, *-ku-ṷa-ar*?
k) Ed. eher *-di-* (zwei Waagerechte), jedoch zerstoßen: vgl. *-ki-* Z. 17 im gleichen Wort mit drei Waagerechten; in Z. 17, 24 *ṷa-a-šu-ki-ni-eš* mit drei, Z. 12 mit vier. Anders Kammenhuber, Pal. 5 Anm. b) zum Paragraphen.
l) Den Spuren nach *-ši-ti* möglich. Kammenhuber, Pal. 6: *ma-ri*?*-iš*??*-ši*?. Zeichenspuren jedoch zu undeutlich für eine Lesung.
m) Ed. eher so oder *-ip-pa-ši* (vgl. *ni-ip-pa-ši*) als *-aš-pa-ši* mit Kammenhuber, Pal. 6 und OLZ 1955, 367f.
n) Z. 28 — ebenso wie Zeilenende von Z. 7 und 26 — über den rechten Tafelrand auf die Rs. hinüberreichend.

---

2. C IBoT II 35 + KBo XIX 150

Vs.

-]*tu-un* ×[-
2′]×-×-×[a] *ki-it-ta-r[i*?]

]*-i̯z-zi na-š[a*?]*[b]-an an-da pa-iz-z[i*
4 [○ -]*za-ša a-ap[-p]a-an-na-an-da pí-e-ḫu-ta-an-[zi]*

---

a) Lesung *-li*, *-tu̯*, *-šar* möglich; davor vielleicht *-aš*.
b) Ob *na-⟨aš-⟩ša-an* zu verstehen? Für Vereinfachung der Schreibung der Geminatae bei Anfügung von Satzpartikeln, vgl. KBo XIV 84 III 5 *nu-ša-an*.

KUB XXXII 17 +

4′ *u̯a-a-šu ú-i-i[š-ta-aš*
u̯a-a-šu ú-i-iš-tạ[-aš
6′ *ku-i-ša tu-ú u̯u$_{ú}$-la-š[i-na-aš*

---

nu-ku pa-aš-ḫu-ul-la-ša-aš ti[-i̯a-az
8′ *a-an-na-az-ku-u̯a-ar ti-ị [*
a-ru-u-na-am-pí ti-i ú-i-ti-š[i
10′ *kị-i-at u̯u$_{ú}$-la-ši-ni-di-eš u̯a-a-š[u-*
u̯a-a-šu ú-iš-ta-aš ša-a[m-lu-u̯a-aš
12′ *u̯ạ-a-šu ú-iš-ta-aš ma-l[i-ta-an-na-aš*
kụ-ị-ša tu-ú u̯u$_{ú}$-la-ši-n[a-aš

14′ *ḫi-in-mụ-dụ ku-iš ku-i[š*
ma-ri-eš-š[a?-t]i ma-aš-pa-š[i

16′ *nu-ku* ^{D}*i-la-li-i̯a-a[n-*
na-ti-pí ku-i ta-ba-a[r-

18′ *nu-ku* ^{D}*ḫa-ša-mi-li[-iš*

---

nu-ku ḫa-ša-a-u-u̯a-an-za [
20′ *šụ-u-ru-šu-u-ru!-at* KẠ-×[
ta-ba-ar-na-ša ^{SA}[^{I}*ta-u̯a-na-*
22′ *a-ra-an-ta-mu-ut ni[-*

---

nu-ku ^{D}*ša-a-uš-ḫal[-la-*
24′ *šu-u-ru-šu-u-ru-ma-a[t*
ạ-ạm-ša-ị[a] *ḫa-×-[*

a) Oder *zạ-ạm-ša-ị?*

IBoT II 35 +

[○ *-u]n-na-aš-ša-aṇ* KÁ-*aš ti-it-nu-an-zi* LUGAL-*uš* NI[NDA
6 [*pár-*]*ši-i̯a-an-na-i ú-ga ki-e me-mi-iš-ki-e-mi*

[*nu*] ^{D}*za-pár-u̯a$_{a}$-ạ nu* ^{D}*za-pár-u̯a$_{a}$-a te-e-ma-aḫ*
8 [*l*]*u-ki-i-lu-ki-i̯-ẹn-ta nu-ú-u̯a-šu lu-ki-ị-it ta-a-u-u̯a-i̯a-an-ta*
[*ḫ*]*a-ạl-pị-i̯[a-la l*]*ụ-kị-i-it an-da(-)šu-un-nu-ut-ti-la*
10]×[ ]×-×-*aš a-dup*[c]*-la*[-
-]× *pu-la*[-

c) Kammenhuber, Pal. 2: *a-ap-*.

2. C IBoT II 35

Rs.

x+1]×-*ri*

2′]-×-*ki-ti*
]× - *an*
4′ *ma??-a]r-ḫa-an*
-*ạ]š-ša-mu-ut*
6′ -]×-*li a-*[○ - ○-*m*]*u*[a]-*ụt*

]-× *ki-in-na*[(-)
8′]-*li-* *en*
(-)]*ḫu-i-la-a-* *tị*[b]

---

a) -*mu*-wahrscheinlich, vielleicht *a-*[*aš-ša-m*]*u-uṭ* zu ergänzen.
b) Vgl. zur Lesung Kopie von Otten in ZA NF XIV, 1944, 137.

2. D KBo XIX 151

Vs.

x+2 -*i*]*š* [
-*i*]*š ú-*×[-

4′ -*n*]*i-ki-eš u̯a-a-šụ*[
u̯a]-*a-šu̯-ni-ki-e*[*š*[a]
6′ *š*]*a-am-lu-u̯*[*a-aš*
ma]-*lị-ta-an*[-*na-aš*
8′ *u̯u*]*ú-lạ-a-ši*[-*na-aš*

a) Von dieser Zeile an vgl. zur Erg. A Vs. 12ff., 15ff.; B_2 3′ff.; 10′ff.

2. A KUB XXXV 165

Rs.

x+1 -]×-[
2′]*e̤-kir*[a] *a-du a-ga-mạ-ạn*
ta-ba]-*ar-na-aš ḫal-lu-iš*

a) Evtl. -]*ạ-piš* zu lesen, das mit dem letzten Wort von Z. 3 und 5 (vor Paragraphenstrich) lautgleich enden würde: alle vielleicht Verbalformen, da auch hier das Wort vor Satzeinleitungsgruppe steht.

KUB XXXV 165 Rs.

4′ *-i̯]a-an-za a-pa-an-ša šu-ṷa-a-ša-l[a-]a-an-za*[b]
-]×-[-]×- *iš*

6′ *ku̯-ṷa-a-i-ša-a[t-t]a(-)hal-pu̯-ú-ta̯ tá[k-k]u-ṷa-a-an-te-eš a-ša-an-du a-an-ta ku-ṷa-ni-iš*
ta̯-šu-ú-ra ták-ku-ṷa-an-te-eš a-ša-an-du a-an-ta ṷa-ar-la-hi-iš ku-ṷa-li-ma
8′ *ták-ku-ṷa-an-te-eš a̯[-š]a-an-du it-ti-na-an-ta ti-i ta-a-az-zu kar-ti-na-an-ta ti-i ta-a-zu*
la-a-la-an-ta ku[-i]š ta-ar-ta-an ma-ri-iš-ši ma-aš-pa-ši mu-ú-ši ta̯[c]*-a-ni-du-ut-ta*
10′ *ku-iš a-ni-it-ti* [ ] *ma-aš-ta a-ni-i-i̯a-ši a-ni-i̯a-ku̯-an-ta ta-ba-ar-na-ni* ^{SAL}*ta̯-ṷa-na-ni*

---

nu ^{UZU}*šu-up-pa ti-an-zi nu ki-i me-ma-i nu-ku* ^{D}*za-pár-ṷa*$_{a}$*-az aš-ku-ma-a-u-ṷa-ga*
12′ *ṷa-aq-qa-kán-ta hu-ṷa-aš-š[a-a]n-ni-kat* KI.MIN *hu-ṷa-an-hu-ṷa-ni-kat* KI.MIN *qa-aš-šu-ú-ta-at*
KI.MIN *ha-a-ri-ša-at* KI.MIN *gi̯-nu-kat ṷa-aq-qa-kán-ta ne* ^{D}*ka-tah-zi-ṷu*$_{u}$*-ri pí̯-i̯[-ša]*
14′ ^{D}*ka-tah-zi-pu-ri-iš ti-i̯a-az pí-i-ša ti-i̯a-az* ^{D}*i-la-li-an-ti-g[a-aš pí-i-ša]*
^{D}*i-la-li-an-ti-ke-eš* ^{D}*ha-ša-mi-li pí-i-ša* ^{D}*ha-ša-mi-li[-i]š* [
16′ *ha-ša-a-u-an-za* ^{D}*ka-a-ma-mi pí-i-ša ha-ša-a-u-an-za* ^{D}*ka-ma-ma[-aš š]a-a̤-ṳ-uš-hal-la-aš*
pí-i-ša ša-a-u-uš-hal-la-aš ^{D}*hi-la-an-zi-pí pí-i-ša* ^{D}*hi-la-an-z[i-p]a-aš*
18′ ^{D}*gul-za-an-ni-ga-aš pí-i-ša* ^{D}*gul-za-an-ni-ki-eš* ^{D}*ú-li̯-l[i-a]n-ti-ga-aš pí-i-ša*

EGIR-*ŠU-ma* ^{UZU}NÍG.GIG *ti-an-zi QA-TAM-MA me-ma-i nu-ú* ^{D}*za-pár-[ṷa*$_{a}$[d] *ṷa]-aq-qa-kán-ta*
20′ *ba-a-an-nu-kat* KI.MIN

---

na-aš-ta GAL$^{HI.A}$ DINGIR^{LIM} *šu-un-na-an-zi nu ki-i* SÌR^{RU}
22′ *ša-a-ṷa-i̯a-i̯a šu-ú-na-at* ^{D}*za-pár-ṷa*$_{a}$*-a-i a-hu-u-na hu-uš-ši-i-in-ta*
[-]*an*[e] *mar-hi-i-na-an-ta ma-a̯-na̯-aš mar-ha-an-za a-an-ni-i ṷa-šu-u-ha*
24′ [*ta-b*]*a-ar-na ti-ku-ar* [ ] *šu-ú-na a-du pí-i-ša*

---

b) Danach Rasur.
c) Auch *ga̯*- möglich: Otten, ZA NF XIV 140 Anm. h.
d) Nach Raum eher so.
e) Erg. [*a-*]*an* jetzt erwägenswert.

KUB XXXV 165 Rs.

Q]*A-TAM-MA* SÌR[*RU*]-×[ ] SAL[*t*]*a-u̯a-na-an-an*! *te-ez-zi*

26′ D*ka-taḫ-z*]*i-pu-ri*[ ] *QA-TAM-MA* SÌR[b] DUTU-*i QA-TAM-MA* SÌR

-*a*]*n-ta-*[*aš*?] *QA-TAM-MA* SÌR*RU*

---

f) Zur Ergänzung dieser Reste s. Kammenhuber, Pal. 9f. mit Lit.

Text Nr. 3

a) Übersicht

A. KBo XIX 152 (= 1587/u + 2/y)

B. KBo XIX 153 (= 696/z)

C. KUB XXXV 166 + KBo XIX 154 (= 1138/v)

b) Beschreibung

Fragmente aus mehreren Grabungen haben dazu beigetragen, vom Ritual Nr. 3 ein deutlicheres Bild zu gewinnen.
Wir nehmen hier als Haupttext A: KBo XIX 152, weil er etwas vollständiger erhalten ist als B: KBo XIX 153. Dabei ist von A die erste Hälfte der I. Kol. auf uns gekommen — der Tafelbeginn ist jedoch ver-

---

3. A KBo XIX 152

Vs. I

x+1]×-×[

2′ [*ud-d*]*a-a-a*[*r*? *me-*]*e-ma-aḫ*[-*ḫi*

[*ša-*]*a-mu-u-ri-kat ša-a-mu-u-*[*ri-kat*[a]

4′]×-*pa-na-an a-ni-e-eḫ-ḫa*[

]×-*ta-aḫ-ḫa-an-ta-an* [ ]× ×[-

6′] *a-ú-li-uš ḫu-it-ti-i̯a-an-ta nu p*[*í-r*]*a*-× ×[b]

[UDU.NIT]Á *ḫu-i̯a-an-za nu ki-e me-e-ma-aḫ-ḫi*

8′ -] ×-*mi-ša pal-ú-iš-ki-iz-* -*zi*

---

a) Die Ergänzungen hier und in den folgenden Zeilen ergeben sich aus den zahlreichen Wiederholungen.

b) Erg. trotz B III 2′ nicht sicher, da die Zeichenreste auf *pí-a*[*n-z*]*i* hindeuten, das hier nicht am Platze ist; oder *pí-r*[*a-*]*a*[*n-š*]*e*?

loren — und die Anfangszeilen des entsprechenden Teiles der Kol. II. Von der Rückseite sind nur einzelne Silben einer anscheinend heth. Partie erhalten geblieben.
Der Text hat schmalen Kolumnentrenner, weist jedoch normalen Schrifttypus auf, d.h. keinen altheth. Duktus.
Der Text B zeigt links Wortreste einer Kolumne und rechts oben einen Doppelstrich. Nach der Wölbung handelt es sich um die Rs., also Kolumne III; von der Vs.? ist nichts erhalten. Da der Text weitgehend der I. Kolumne von A entspricht — das gleiche gilt ebenso für C —, muß man wohl annehmen, daß mehrere parallele Ritualhandlungen für die einzelnen palaischen Gottheiten hier nacheinander abgehandelt worden sind.
Text C hatte ich schon vor einigen Jahren gejoint. Heute läßt er sich durch die parallelen Sprüche weitgehend besser verstehen. Nach der in den palaischen Ritualen üblichen Reihenfolge der Götteraufzählungen, können die fragmentarisch erhaltenen Paragraphen etwa in die zweite Hälfte der I. Kolumne von A eingeordnet werden. Das Textstück selbst gehört nach der Wölbung zu der Rs. einer Tafel. — Alle Nummern stammen aus den (Ost-)Magazinen des Großen Tempels —.
Es ist möglich, daß auch 2. D hierher zu stellen ist, s. dort.

c) Bibliographie

1. Zu A und B: H. Otten, AfO XXII (1968) 111f.; KBo XIX, Vorwort.
   Zu C: A. Kammenhuber, Pal. 2, 10.

---

3. B KBo XIX 153

Rs.? III

---

x+1 EGIR-*ŠU-ma*[*ḫ*]*u-ki-eš-ša*[*r*]× [
2′ *pí-ra-an-ma* UDU.NITÁ *ḫu-i̯a-an-t*[*a*?*-an*
ki-iš-ša-an ma-al-ti

KBo XIX 152 I

[*ša-me-i*]*-ri-iš ša-me-i-ri-iš ḫa-la-a-i-iš-ta ni-i*[c]
10′ [*pur-t*]*aḫ-ḫi-iš-ta ni-i*[c] *u̯a*$_{a}$*-a-aš-ḫu-ul-la-ti-i̯a-aš*
[*ni-i*] *u̯a-ḫa-ri-i̯a-an-zi ḫa-a-ap*[d]*-na-aš-* *ta*
12′ *n*[*i-*]*i̥ te-ta-a-an-za ḫa-ši-i-ra-am-pí ni-i*
pa-da-a-am-ma- *an*

14′ *aš-ku-um-ma-a-u-u̯a-aš ḫa-a-an-ta ti-i-li-la ḫa-a-ri*
a-a-an-ta ta-ba-ar-na-aš ^{D}*za-pár-u̯a*$_{a}$*-a-ta-* *i*
16′ *ták-ku-u̯a-a-ti ku-i-ša ḫu-e-ri mi-iš-ga-ša-aš*
ta-ba-ar-na-i ^{SAL}*ta-u̯a-na-an-na-i̯a u̯a*$_{a}$*-ti-la-kat*
18′ [*u̯u*]$_{ú}$*-ú-uz-za-an-ni-kat u̯u*$_{ú}$*-ú-uz-za-an-ni-* *kat*

[*a-ap-p*]*a-*[e]*an-na-an-ta-ma* GUD.MAḪ*-an ḫu-it-ti-i̯a-an*[*-ta*[f]]
20′ *-t*]*a-an la-a-ma-an ti-ú-na*[-] *-aš*
-a]*ḫ-ḫi nu nam-ma ki-e*[*me-e-*]*ma-aḫ-ḫ*[*i*

22′ ^{D}*ka-t*]*aḫ-zi-pu-u-ri*[-?]*š*[*i*?]*-i̯a*[-
]× *-li-e-u̯a-* × [-
24′ -]× *an-* × [-

---

c) *ni-i* ohne Trennung vom vorhergehenden Wort, s. jedoch Z. 12′ und B und C.
d) Lesung *-du-* evtl. auch möglich.
e) Evtl. auch [EGIR-*p*]*a-* möglich.
f) Erg. von [*-ta*] unsicher, da es sich auf der mittleren Randleiste befinden würde, die sonst schriftfrei ist.

---

3. A KBo XIX 152

Vs. II

x+1 *ba*?*-nu-u̯*[-
2′ *ḫa-am-šu-* × [
ka-aš-ti[(-)

4′ *nu-ú-ku* ^{D}[
u̯u$_{ú}$*-la-a-š*[*i-*
6′ *ú-i-iš-t*[*a-*
ú-i-iš-ta[-
8′ *a-an-na-a̦k*[-
šu-ga-a-at- × [

10′ ^{D}*ḫi-i-la-a*[*n-zi-pa-*
u̯a-a-šu-ma-aš [

KBo XIX 153 III

4′ *nu-ú* ^{D}*za-pár-u̯a*$_{a}$*-a ša-me-ri-iš ša-me-ri-i*[*š*
ḫa-la-iš-ta ni-i pur-ta-ḫi-eš-ta ni-i
6′ *u̯a*$_{a}$*-aš-ḫu-la-ti-i̯a-aš ni-i u̯a-ḫa-ri-i̯a-an-za* [
ÍD*-an-aš-ta ni-i te-e-ka-an-za* GÌR*-an-pát ni-i̯*[
8′ [*p*]*a-ta-am-ma-an*

[*aš-k*]*u-ma-a-u-u̯a-aš ḫa-an-da ti-i-li-la ḫa-a*[*-ri*]
10′ [*a-a*]*n-ta ta-ba-ar-na-aš* ^{D}*za-pár-u̯a*$_{a}$*-a-i*
[*ták-k*]*u-u̯a-ga-ti ku-i-ša ḫu-e-ri še-eḫ-ḫa-an*[*-na-aš*^{a}]
12′ [*t*]*a-ba-ar-ni* ^{SAL}*ta-u̯a-na-an-ni u̯a*$_{a}$*-ti̯*[*-la-kat*]
[*u̯u*]$_{\acute{u}}$*-uz-za-ni-kat a-še-en-du*

14′ [EGI]R-*ŠU-ma* GUD.MAḪ *ši-pa-an-ti nu* ^{SAL}ŠU.[GI]
< *ma-al-ti*

16′ [*nu-ú* ^{D}*za-pá̩r-u̯*]*a*$_{a}$*-a ti-ú-na-aš ti-ú-na-*[*aš*]
[*ḫa-la-iš-ta*]*ni̯-i pur-ta-ḫi-iš-ta ni*[*-i*
18′ [*ni-i u̯a-ḫa-r*]*i-an-za* ÍD*-an-aš-ta* [*ni-i*]
[*te-e-k*]*a-an-za* GÌR*-an-pát ni-i pa*[*-ta-am-ma-an*]

20′ [*aš-ku-ma*?*-*]*a̩-u-aš ḫa-an-d*[*a t*]*i-i-li*[*-la*]
t]*a-b*[*a-a*]*r-*[*na-aš*] ^{D}*z*[*a-*

KBo XIX 152 Vs. II

12′ *u̯a-a-šu-na-at*[
tar-ta-ša-a-a[*t*(-)
14′ *ḫu̩-u-ul-ta̩*[-

-]×-×[-

KBo XIX 152 Rs. IV

x+1 ×[-
2′ *nu*[
ka̩t[-
4′ *me*[-
nu[
6′ *pa*-×[
ḫa-a̩n[-

8′ ×-×[

3. B KBo XIX 153

Rs.? IV

x+1 -]*ạš-tị-iš*

2′ -]*iš*
-]×
4′]×-*ḫi-eš*
]-×
6′

8′ -*u*]*š*

3. C KUB XXXV 166 + KBo XIX 154

x+1 ÍD]-*ạš*$^{!}$-*t*[*a*[a]
2′ *pa-a-*]*ta-am-ma*[*-an*

---

ti-l]*i-la ḫa-a-ri a-a*[*n-ta*
4′ *pa-aš-ḫu-*]*ul-la-a-ša-aš ták-ku-ṷa-ga-*[*ti*
še-e]*ḫ-ḫa-an-na-aš ta-ba-ar-n*[*a-i*
6′ -*n*]*a-ị ṷa*$_a$*-ti-la-kat ṷu*$_a$*-za-an-ni-kat* [

] ^{D}*i-la-li-ịa-an-ta-aš*
8′ -*l*]*i*$^{?}$*-ịa-an-te-eš ṷa-a-šu-ni-ki-eš ị-la-ạš* [
ni-]*ị pur-ta-ḫi-iš-ta ni-i ṷ*[*a*$_a$*-a-aš-ḫu-ul-la-*
10′ -]×-*an-za* ÍD-*aš-ta ni-i* [
]-*pị ni-i pa-a-ta-am-m*[*a-an*

12′ -*t*]*a ti-li-la ḫa-a-ri a-a*[*n-ta*
^{D}*i-l*]*a-li-ịa-an-te-eš ták-ku-*[*ṷa-*
14′ *še-eḫ-ḫ*]*a-an-na-aš ta-ba-a*[*r-na-i*
ṷa$_a$*-t*]*i-la-kat pu-za-an-ni-kat* [

16′ *ta-ba-a*]*r-na-aš* ^{SAL}*ta-ṷa-n*[*a-an-na-aš*
]*ị-la-a-li-ịa-*×[b][

18′ ^{D}*ḫ*]*a-ša-am-m*[*i-li*
] *me-m*[*a-*

---

a) Die Ergänzungen sind aus demselben Texte und nach den Duplikaten A und B vorgenommen worden.

b) Von × sind die Anfänge von drei Waagerechten, wie in *-ma* oder *ku* zu sehen, die ich im Stamme *ilaliịa-*, vielleicht Gottheitsnamen, nicht unterbringen kann. Ob *ilaliịaman* als Partizip, wie *patamman*, zu lesen ist?

Text Nr. 4

a) KBo XIX 155 (= 1109/v)

b) Beschreibung

Hier besprechen wir ein Fragment, das zweifellos Palaisches enthält und in dem Spruch von Z. 8′ eine deutliche Übereinstimmung mit Text 3 aufweist. Ebenso kann man Z. 17′ ff. und 22′ ff. für das Palaische in Anspruch nehmen.

Die Wörter mit „luwischen“ Nominalendungen auf *-i/enzi* (Z. 10′]*šun-nuu̯antenzi*, Z. 11′ *u̯*]*arpainzi*) und *-ša* (Z. 13′ *ḫui*]*tumarša*[1]) legen dagegen nahe, den entsprechenden Abschnitt als in luwischer Sprache abgefaßt zu verstehen, während Z. 14′–16′ die hethitische Ritualanweisung geben. Ausführende sind wohl Tabarna (Z. 6′, 21′) und Tau̯ananna (Z. 6′); auch die Stadt Ḫattuša wird in diesem Zusammenhang erwähnt (Z. 7′). Genauere Hinweise folgen im Apparat.

c) Bibliographie

Carruba, Wišurijanza (= StBoT 2) S. 13f.

4. KBo XIX 155

x+1]×*-an-*×[

2′ *u̯*]*a*?*-aḫ-ḫa-ši*(-)*ḫa-tar*[-[a]

]× *ḫa-an-ti-li*[b] [(-)

4′]×[c]*-at-ta-an-ti-iš* [

]*a-ru-uš šu-u̯a-ru-u*[*š*[d]

6′]*ta-ba-ar-na-aš* ^{SAL}*t*[*a-u̯a-na-an-na-aš*

[^{URU}]*ḫa-at-tu-ša-ma* ×[

8′ [*u̯*]*a*$_{a}$*-ti-i-la-kat u̯u*$_{\hat{a}}$*-ú-uz-za-a*[*n-ni-kat*[e]

]×(-)*ta-pa-a-at-ta a-ú-in-t*[*a*[f]

---

a) Vgl. luw. *ḫatarni*(*i̯a*)-, DLL 44?

b) Lesung zu Anfang als -]*pí* ^{m}*ḫa-* scheint zu unsicher; etwa Adjektiv?, vgl. luw. *ḫantili-*, DLL 40.

c) Großer Winkelhaken: [*ḫ*]*a-* unmöglich.

d) Siehe Carruba, Wišurijanza S. 13ff.

e) Vgl. Text 3 A I 17′f.; B III 12′f.; C 6′, 15′.

f) Vgl. luw. *awi-* „kommen“, DLL 36 (*a-ú-i-in-ta* KUB XXXV 98 Vs. 14).

1) Vgl. KBo XIII 260 III 18.

KBo XIX 155

10′]×(-)*šu-un-nu-u̯a-an-te-en-zi t*[*a-*

u̯]*a*?*-ar-pa-i-in-zi*[g] *ḫi-i*[*š-*

12′]×*-ta-a-an-ta* ×[-

[*ḫu-i-*]*tụ-mạr-ša*[h] [

14′]^{NINDA}*ḫar-ša-u*[*š*

]× *mar-nu-an* [

16′ [*me-*]*e-ma-ạḫ-*[*ḫi*

-]*ú-ku* × [[i]

18′ -]*i*(-)*tu-ú-*×[[j]

n]*a-di-i-en-ta*[[k]

20′ -]×*-šu-ú-ri-it* [[l]

---

t]*a-ba-ar-na-a*[*š*

22′ *n*]*a-di-pí*[m] *ku-t*[*a-*

m]*a-a-ar-ḫa-an* [

24′ (-)*ḫ*]*u-u̯a-ar-na-aš* (-) ×[-

(-)*p*]*al-li-iz-za-a*[(-)

26′ -]*a-al-li-n*[*a-*

---

g) Vgl. heth. und luw. *u̯arpa-*?

h) Vgl. luw. *ḫuitumarša* KBo XIII 260 Rs. III 18 und Carruba, Wišurijanza, S. 18 Anm. 27.

i) Erg. [*nu-*]*ú-ku* ^{D}[?

j) Unsicher, ob *tu-ú* „dir, dich" vorliegt (vollständig?).

k) Anfang unsicher. Für *nadi-*, vgl. Z. 22′, wo *-pí* Partikel sein kann.

l) Vgl. etwa Text 2 B_2 20′, 24′ *šurušuru-*.

m) Vgl. Text 2 B_2 17′; und Text 6 Vs. 6?

Text Nr. 5

a) Übersicht

A. KUB XXXV 163

B. KBo XIII 265 (= 1183/u)

b) Beschreibung

Von der Tafel KUB XXXV 163 ist ungefähr ein Drittel der jeweils rechten Kolumnen auf uns gekommen. Dabei ist die den palaischen Text bietende Kolumne (nach Ed. Vs. II) schlechter erhalten als die heth.

Partie (nach Ed. Rs. III). Da jedoch der letzte Abschnitt dieser Kolumne ebenfalls palaisch ist, wäre vielleicht erwägenswert, die gegenwärtigen Benennungen als Vs. und Rs. zu vertauschen, so daß man einen fortlaufenden palaischen Text erhält, der von der Vs. II (jetzt Rs. III) 21′–24′ auf die Rs. III (jetzt Vs. II) übergehen würde. Nach dem Erhaltungszustand der Tafel wäre es durchaus möglich, die zu erwartende Randleiste oben bei dem jetzt als Rs. bezeichneten Stück zu ergänzen.

Der palaische Text scheint hier und dort Hethitisches zu bieten: Rs. III 17 *ēšta*; 20 *pariparāi i̯annāi* (s. Kammenhuber, Pal. 68 Anm. g).

Der Spruch Vs. II 21′f. *annaš pāpaš parkuiti* hat eine luwische Parallele, s. Verf., Satzpartikeln 71. Der hethitische Teil zeigt keine Besonderheit.

c) Bibliographie

Kammenhuber, OLZ 1955, 357 Anm. 2; Pal. 68; Carruba, Satzpartikeln 71.

5. A KUB XXXV 163

Vs.! II (= Ed. Rs. III)

Die hethitischen Z. 1′–19′ sind von Kammenhuber, Pal. 68ff. übersetzt und transkribiert worden[1].

19′ SALŠU.GI-*ma*
ki-iš-ša-an me-mi-iš-ki-iz-zi

21′ *a-ar-ra-ka̯t*[a] *lu-u-ki-it ḫi̯-na-pí-eš-ḫu̯-ur an-na-aš*
pa-a-pa-aš pa-ar-ku-i-ti na-a-ap-iš ta-an-na-ni-i̯a
23′ [*i*]*š-ḫa̯-ra-an-ti a-ra-aš da-a-an-ni-iš ták-ku̯-ra-an-da*
]×-×-×-*la-an-da ta-a-an-ni-i̯a ta-a-an*[b-

---

a) Nach Dupl. so zu lesen statt *-aš* (s. auch Kammenhuber, Pal. 69 Anm. b).
b) Oder *-ap-*. Dann wäre eine Erg. *ta-a-a̯p̯*[*-pa-an-da* „sie spuckten“ erwägenswert, vgl. Text 4, 9′ *tapātta* und Laroche, DLL 90.

1) Dazu folgende Änderungsvorschläge:

III 1′ (-)*u̯*]*a-a*[*r*(-), 2′ (-)]*ši-*, 3′ LU]GAL-*i̯a-kán,* 4′ *IŠ-*]*TU* . . . *kán-*, 10′ [*PA-NI* LU]GAL, 11′ NINDA.ERÍN^MEŠ

und Z. 4′ „v]on ihren Fingern hängend“, 9′f. „zwei ‘Alte’ Frauen führen sie vor den König“, 12′f. „Ein Palastjunker aber hält sie (am) Mantel? und führt sie beim König ein“ (H. Otten).

5. B KBo XIII 265

x+1 [*u̯a-aḫ-nu-uš-ki-i*]*z-zi*[[a]
2′ [*nu ki-i*]*š-ša-an me-m*[*a-i*]

---

a-ar-ra-kat lu-ki-it ḫi-n[*a-pí-eš-ḫu-ur*[a]]
4′ *an-na-aš pa-a-pa-aš pár-ku-i-ti̯*[
iš-ḫa-ra-an-ti a-ra-a̤[-
6′ *ták-ku-ra-an-da ú-i̤*[-
ta-a-an-ni̯-i̯a t[*a-*
8′ *ta-ba-ar-n*[*a-*
kar-na-an[-
10′ *ni-*×[
ni[-

a) Ergänzungen nach 5. A Vs. II! 19′, 21′.

5. A KUB XXXV 163

Rs.! III (Ed. = Vs. II)

2]× × ×[

-]*na-an-na-aš*[a][
4]×-*la-li-in*(-)*š*[*a*
(-)]*šap-pa̤-ma-an*
6 (-)*a*]*n-na-a̤n-na-an*[a]
]*a-ri-i̯a-ki*
8]- *da*

(-)]*ti-ki-i̯a-aš*
10 (-)]*nu-un-da-aš a-aš*
]×-*ú-ni i-ú-i-ni*
12]*ta̤-u̯*[*a-a*]*n-na-an-na-an te-en-zi*
(-)]*ni̯ ḫa-pa-ri-u̯a-ni-e-eš-ḫa ti-u̯a-ni* [(-)
14 *t*]*a-ba-ar-na-an* SAL*ta̤-u̯a-an-na-an*[*-na-an*]
]×-*li-ši ḫa-pa-ri-i-ši*(-)*e-eš-ḫa-n*[*a*(-)
16 -*n*]*a-aš*[a] *ḫa-pa-ma-an-da ma-a̤-ra-aš*(-)*nu-*×[
-*r*]*a-aš a-ru-ra-aš ku-u̯a-a-it e-eš-ta*[(-)
18 -*a*]*n-na-aš*[a] *mi-i̯a-li-ik-še-eš*
-]×(-)*tar-ta ma-ra-a-an*

a) Wohl überall SAL*ta-u̯a-an-na-an-na-aš/an* zu ergänzen.

KUB XXXV 163 III

20 *]pa-ri-pạ-ra-a-i i-i̯a-an-na-a-i*[
-]*it*[(-)]*a-ra-ki-ga dam-ma-ri-ga* [
22]×-*mị-i-ta-aš* *ar*[-

]×-*u̯a-a-ap-na-an*[(-)
24 -]*ị-ki-it-t*[*a*

Text Nr. 6

a) Übersicht

KBo XIX 156 (= 1550/c)

b) Beschreibung

Das Fragment stellt den oberen rechten Teil einer vielleicht einkolumnigen Tafel dar. Erhalten sind nur einzelne Wörter und kleine Sätze, die ungefähr die Hälfte der Zeilen ausmachen.
Auffällig ist beim Ansatz als Vs.? und Rs.?, wie die Edition sie bietet, der Doppelstrich nach dem zweiten Abschnitt der Vs., wonach also schon eine Ritualhandlung zu Ende geht.
Der Text wird jedoch in der 1. Pers. Pl. fortgeführt, so daß sich keinerlei Bruch im Kontext abzeichnet. Demnach darf man daran erinnern, daß die althethitischen Rituale häufig einen Doppelstrich nach Sinnabschnitten innerhalb eines Rituals setzen, vgl. StBoT 8, und in der Tat weist auch der fragmentarisch erhaltene Text althethitische Sprachmerkmale auf, wie etwa die Pleneschreibungen (*me-e-ma-i, še-e-er, da-a-aḫ-ḫi, ke-e-et-ta*) sowie die Partikel *-apa*.
Der fremdsprachige Spruch am Anfang der Vs.? ist an sich sprachlich unklar, aber *nadipanta* und die Bildungen auf *-u̯alli* und *-ališ* weisen auf Anatolisches hin.
Zu erwägen ist eine Zusammengehörigkeit der Texte 6 (KBo XIX 156) und 7 (KUB XXXV 164) anhand sprachlicher Eigenheiten, der Schreibweise und sachlicher Indizien, wie etwa das Vorkommen der 1. Pers. Sg. in 6 Vs. 7, 10 und 7 Vs. 7′, oder Pl. in 6 Vs. 8f., 15ff. und 7 Rs. 3′f., 6′. In beiden Fragmenten wird außerdem das nicht gerade häufig belegte *ḫarši-ḫarši* (6 Vs. 11, Rs. 4′ und 7 Vs. 2′) genannt.
Sollte sich diese Parallelität bestätigen, so kann der Spruch (s. oben) ohne weiteres als palaisch gelten.

Text Nr. 6 KBo XIX 156

Vs.?

-]×-*ga-aš-ti*(-) ×[
2 -]×- *ni*
] *ụ́-ra-a*[(-)]

---

4 -]× *na-di̤-pa-an-ta-u̯a-al-li*
-]×-*li ga-ša-a- ri*
6 -]×-*a-li-iš na-di̤-pa-an-ta*
] *ke-e me-e-ma-aḫ- ḫi*
8 *ḫ*]*a-at-ku-e- ni*

-*e-*]*ni na-pa ḫa-aš-šu-e- ni*
10 -]*a-ar da-a-aḫ-ḫi na-an an-da*
]×-*šu-ma ḫar-ši-ḫar- ši*
12]^{MEŠ} *ma-a-an še-e-er ḫu-i̯a-an-te-eš*
-]× *kat-ta-an-na ḫu-i̯a-an-te-eš*
14 -]×-*an*

-]× ^{DUG}GÌR.KIŠ-*i̯a la-ḫu-e-ni*
16 *ḫu-u-ma-*]*an-da-aš* DINGIR^{MEŠ}-*aš ar-ḫa da-a*[-*ú-*]*e̤-ni*
(-)*ḫa*]*r-na-u-e-ni a-ku-u-uš*(-) *š*[*a*
18 -*u̯*]*a-a- ni*

Rs.?

---

x+1 -]×[- ×]-*i̯*?
2′ -]*ša-an iš-ta-na-na-aš*
-] *zi*

4′ -]*a̤-i ḫar-ši-ḫar-ši* II-*ŠU ḫa-at-ta-ra-an*
is-ta-n]*a-na-aš ki-it-ta ke-e-et-ta*
6′]× *da-a-i*

-*p*]*u-ri da-a-i nu-uš-ša-an*
8′]×-*ša-an* ^{D}UTU-*i lu-ut-ti-i̯a da-a-i*

-]*da-aš da-a-i nu-uš-ša-an*
10′ -]×(-)*da-a-i nu-uš-ša-an ḫa-aš-ša-aš*
da-a]-*i̯ nu-uš-ša-an ḫa-aš-ši-i*
12′] *da-a-i*

Text Nr. 7

a) Übersicht

KUB XXXV 164

b) Beschreibung

Der Text — die rechte Hälfte eines mittleren Tafelstückes — ist leider sehr fragmentarisch und bietet kaum vollständige Sätze. Die Handschrift zeigt Anklänge an Nr. 6 — ist jedoch enger geschrieben — und ähnelt damit dem alten Duktus. Auch in der Pleneschreibung *me-e-ma-aḫ-ḫi*, *še-e-er* usw. zeichnet sich diese sprachliche Stellung des Stückes ab.
Die fremdsprachigen Sprüche wurden von Otten wegen der eigenartigen Endung *-kat* als Palaisch erkannt. Hervorzuheben sind hierbei: der Anklang von *u̯a*$_a$*-a-ar-ra-kat* Vs. 9′ mit *a-ar-ra-kat* 5 A II 21′, B 3′; *u̯attana* Rs. 7′ vielleicht Dat.-Lok. eines im Palaischen unbelegten **u̯atar* (Kammenhuber, Pal. 65). Heikler ist die Frage eventueller enkl. Pronominalformen *-mu* (Kammenhuber, Pal. 29) und *-šmaš* Rs. 7′, 8′ „euch“, evtl. „sie, ihnen“ (im Gegensatz zu „wir“ der Verbalformen im heth. Teil).

c) Bibliographie

Otten, KUB XXXV, Vorwort S. III; Kammenhuber, Pal. 29, 64ff.

Text Nr. 7 KUB XXXV 164

Vs.? II

x+1 -]×-*ni ša̤*[-

2′]*ḫar-ši-ḫar-ši* ×[-

p]*a-ra-a-an-ta an*[- -]×-×[-

4′]*ḫu-da-a-ak ki-i- ša*

-]×-*ta nu iš-ta-an-ta-a-i-iz-zi*

6′ -]× NA$_{4}^{\text{ḪI.A}}$-*aš-ša* KAŠ GEŠTIN-*it*

ki-]*iš-ša-an me-e-ma-aḫ-ḫi*

8′ -]×(-)*tar-ta-kat ki-iš-ta-a-am-mu*

ki-iš-t]*a-a-am-mu u̯a*$_a$*-a-ar-ra-kat*

10′]- *mu*

KUB XXXV 164 Vs.? II

] MAR.GÍD.DA IM-*aš*

12′ *n*]*a-an* MAR.GÍD.DA-*aš* IM-*aš*

]-*an* MAR.GÍD.DA-*aš* *še-e-er ar-tạ*[(-)

14′ -] × *ḫar-* *zị*

-]×-*ạl-li* *te-e*[*ḫ*- *ḫi*?

16′ -]× *te*[-

Rs.? III

x+1 *IŠ-TU*]É̤ *pa-ra-a* ×[-

2′ -]*pa-an la-a-ḫu-* [*i*]

---

u̯]*a-a-tar ú-du-me-e-ni* ×[-

4′ *la-a-ḫ*]*u-e-ni na-an an-da* [

-]× ^{GIŠ}*a-al-la-i̯a-nu-uš p*[*í*-

6′] *pí-eš-ši-i̯a-u-e- ni*[

(-)*ku-u̯a-u̯*]*a-a-al-la-aš-ma-aš u̯a-at-ta-nạ*

8′ (-)]*ku-u̯a-u̯a-a-al-la-aš-ma-aš*

-*t*]*i* *tar-ra-la-a-ti*

10′ -]× *tu-um-ma-qa- ši*

-]×-*i̯a-an ša-li-iz-zi*

12′ -*z*]*i ki-tar-zi ar-šu-ú-kat*

-]×-*tạr-zi na-aḫ-ḫi-ir*

Text Nr. 8

a) Übersicht

KUB XXXV 159

b) Beschreibung

Zu dem kleinen Fragment, das nur Wortreste enthält, läßt sich wenig sagen. Es ist nicht einmal möglich, zu entscheiden, ob die Imperative *karšandu* und *ḫarkandu* hethitisch oder palaisch sind (s. Kammenhuber, Pal. 63). Als palaisch scheint *ginukat* gesichert, und in die gleiche Richtung weisen einige Endungen auf -(*n*)*ti* und -(*n*)*ta*.

c) Bibliographie

Kammenhuber, Pal. 63.

Text Nr. 8 KUB XXXV 159

Vs. II

x+1]×-×[
2′ *pa*]-*ri-pa-ra-ạ-aṇ*[a]

-]*zạ-an-ti-kạ́n*
4′ -]× *gi-nu-kat*
-]× *ta-ụ̈́*[b]-*da-an*
6′ -*a*]*n- ti*
(-)*n*]*i-i-iḫ-ḫạ-aš*
8′ (-)]*kar-ša-an-du*[c]
t]*a-ba-ạr-na-aš*
10′ (-)*ḫ*]*ar-kán-du*[c]
-]×-*ti*
12′ -] *aš*
-]×
14′]
-]*ta*

16′
-*a*]*n-na*
18′ -]*aḫ-ḫa*[(-)

a) Erg. nach Kammenhuber, Pal. 63; oder *pa-*]*ri-pa-ra-ạ-ị̈*?
b) Zeichen unsicher.
c) Hethitisch?

Rs. III

Z. 1′–3′ und 7′–19′: unbedeutende hethitische Wortreste, in Transkription bei Kammenhuber, Pal. 64.

4′ -]*ạ̈-aš-ša*[(-)
-]*u*[a](-)*ḫu-u-ị̈*[*a-š*]*a-an-tạ*[a]
6′ -]× *ḫu-ul-ta-ḫạ*-×[

---

a) Die Erg. der beschädigten Zeichen ist schwierig; Kammenhuber, Pal. 64, liest *ḫu-ul-ta?-an-ta*, wo aber *ul* nicht allzu wahrscheinlich ist; möglich auch *ḫu-u-l*[*a-t*]*a-an-ta*.

Text Nr. 9

a) Übersicht

KBo XIII 267 (= 795/u)

b) Beschreibung

Wiederum handelt es sich nur um ein fragmentarisches Randstück eines umfangreichen Rituals. Darin erscheint der ^{LÚ}*uri̯anni-*, ein Funktionär von nicht geklärter Bedeutung. Als Parallele darf vielleicht das unv. Bo 3689, ein Ritual in hethitischer Sprache, zitiert werden:

9′] II ^{DUG}*ḫu-u-up-pár mar-nu-u̯a-an*
10′ -]*u-ri-i̯a* GAL
11′]×-*u-ri-i̯a-aš* TUR^{MEŠ} *TIM*
12′] É ^{LÚ}*u-ri-i̯a-an-ni*
13′] É ^{D}*zi-pár-u̯a$_a$-a*

Der ausdrücklich durch das Adverb *palaumnili* eingeführte Textabschnitt scheint mir wichtig zu sein, weil man dort die 1. Pers. Sing. Prät. *daḫḫa* „ich legte" erkennen kann und vielleicht den Lok. eines mit *-ika*-Suffix versehenen Wortes (*-riki*), der syntaktisch gut zu *daḫḫa* paßt. S. auch die Anm. zum Text.

Text Nr. 9 KBo XIII 267

Vs.?

x+1 ^{LÚ}]*u-ri-i̯a-a*[*n-ni*[a]
2′ NINDA.KUR$_4$.R]A *pár-ši-i̯a*
-]*ki̥* ^{URU}*pa-la-um-ni-l*[*i*
4′]

-]*i̯a ma-a-ar-ḫi-i̯a* [
6′ -]×-*ri-i-ki da-aḫ-ḫa*[b]
(-)]*a-an-ni-it-ta-al-ki-i̯a-a*[*n*
8′ -]×

---

a) Erg. nach Vs. 14′.
b) Vgl. die luw. Stämme *ta-* und *tatta-* (Redupl.?), DLL 88 u. 95?

-]*zi*
10′]*ú-u̯a-u-e-ni*

-*N*]*A* É ᴰU
12′]× III NINDA*u̯a-gi-eš-šar*
N]INDA*ši-lu-ḫa-a-aš*
14′ *Š*]*A* LÚ*u-ri-i̯a-an-ni*

Die Rs.? enthält 13 Zeilenreste eines hethitischen Textes:

x+1]x *šu-up*[-*pí*-]*i̯a-aḫ-ḫi*

. . .

6′ UZU]KALÁM.DAR.A[a]
7′]*iš-ga-a-ri*
8′ -]*zi*

9′ NINDA*u̯a*-]*gi-eš-šar*
10′ UZUNÍG.]GIG *iš-ga-ra-a*[*n*(-)
11′]NINDA*u̯a-gi-eš-ša*[*r*
12′]NINDA*pár-šu-ul-li* [
13′ ᴰ*da*]*m-na-aš-šar-r*[*a*-

a) Somit ist auch die Eintragung in HWb, 3. Erg.-Heft 43 unter UZUUTÚL DAR.A zu tilgen (H. Otten).

Text Nr. 10

a) Übersicht

KBo XIX 157 (= 1286/z)

b) Beschreibung

Der sehr fragmentarische Text ist ein hethitisches Ritual für fremde Gottheiten, darunter *ḫašau̯u̯anza* ᴰ*Kamamaš*, die aus Text 1 und aus anderen hethitischen Ritualen für den palaischen Götterkreis bezeugt ist. Von zwei weiteren Gottheiten oder deïfizierten Begriffen sind Namensreste erhalten geblieben (Z. 4′]×-*ti-pa-an*, Z. 9′]×-*du-li-en*), deren Ergänzung aber nicht gelingen will. Neben Z. 10′ [NINDA]*takarmun* scheint Z. 11′ die Ergänzung *pu*[*laš*]*inaš* gerechtfertigt. Die palaischen Sprüche werden jeweils eingeleitet mit *nu* SALŠU.GI *me-ma-i* (Z. 5′f., 7′, 10′), der palaische Text mit *nu-uk-ku*.

Text Nr. 10 KBo XIX 157

x+2]×(-)*na-an*[-]×[-
-]× *da-a* (-)[

4′ -]×-*tị-pa-an* *e-ku-z*[*i*

-]× [ ]*ẹ-ku-zi nu* ^{SAL}ŠU.G[I
6′ *me-m*]*a-i nu-uk-ku ḫa-ša-u̯a-an-za* ^{D}[
pár-]*ši-i̯a nu* ^{SAL}ŠU.GI *me-ma-i* [
8′ *-n*]*a-aš* KI.MIN *na-an*[*-k*]*án ḫa-ăš-ši-ị̈*[

-]×-*du-li-en* [*e-*]*ku-zi* ×[-
10′ *nu* ^{SAL}Š]U.GI *me-ma-i nu-uk-ku* ×[-
]*ta-kar-mu-un pár-ši-i̯a*[
12′ -]× *pu-u-*[*la-š*]*i-na-aš* KI[.
-]*a* [ ] [

14′ -]×[- -]×-GI GEŠTIN ×[
(noch 5 Zeilen mit unlesbaren Zeichenresten)

Text Nr. 11

a) Übersicht

KBo XIX 158 (= 321/v)

b) Beschreibung

Für das kleine Fragment muß der Hinweis genügen, daß die Sprache alt zu sein scheint, wenn man nach den Verbalformen auf *-ēzzi* urteilt. Vom pal. Spruch erinnert Z. 7′ an 2A Vs. 26; für Z. 9′ dürfte *-ḫa* die Endung einer Verbalform sein, am ehesten die 1. Sing. Prät. (vgl. Z. 6′ heth. 1. Sing. Präs. [*me-e-ma-aḫ-*]*ḫi*).

Text Nr. 11 KBo XIX 158

---

x+1 -]× NINDA.KUR$_4$.RA$^{\text{ḪI.A}}$[
2′ *-k*]*a-a-e-ez-zi*
-]*e-ez-zi*
4′] *na-aš-ta*

-]× *ke-e*
6' -] *-ḫi*

---

u̯a-a-]šu ma-a-ra-na-a[n[a]
8'] *ma-a-ra-an*
] *-ḫa*

10' -]×

a) Zur Erg. s. Formule des pains A Vs. 26: -×*-pa tabarnaš u̯āšu māranan.*

Text Nr. 12

a) Übersicht

KBo XIX 159 (= 409/z)

b) Beschreibung

Dieses kleine Fragment bietet immerhin die Anfänge von 9 Zeilen. Dabei lassen sich zwei Wörter sicher ergänzen: Z. 7′ *a-da-a-an*[*-ti*] und Z. 8′ *ni-ip-pa-a*[*š*] (vgl. Z. 4′), die es gestatten, Text Nr. 1 A I 7′, 8′ und 18′, sowie B 6′ zum Vergleich heranzuziehen. Wie diese zeigt auch Text Nr. 12 den alten Duktus. Wir hätten somit ein weiteres Bruchstück zum Mythos, ohne daß es möglich ist, festzustellen, ob der Text etwa direktes Duplikat oder nur Paralleltext dazu ist. Zu den drei Tafelstücken von Nr. 1 kann das neue Fragment nach Ausweis des Fundortes keinesfalls gehören.

Text Nr. 12 KBo XIX 159

x+1 ×-×[

2′ *šar-*×[-
a-ú-×[
4′ *ni-i*[*p-*

---

a-ḫu[-
6′ *ku-u̯a-ar*[(-)
a-da-a-an[-
8′ *ni-ip-pa-a*[*š*

×*-it* [

GRAMMATISCHE SKIZZE

§ 1 Über Graphik, Phonetik und Morphologie des Palaischen ist das Wesentliche schon in vortrefflicher Weise von A. Kammenhuber, BSL LIV (1959) 18ff. — vgl. jetzt auch HbOr passim mit ausführlichen Indices in MSS Beiheft 4 — resümierend dargestellt worden, wobei zum ersten Male nach dem umfangreichen Aufsatz H. Ottens (s. oben in der „Einleitung") eine eingehende Analyse der leider so wenig zahlreich und so schlecht erhaltenen Texte gewagt wurde.
Die Arbeit von P. Meriggi, RHA XXI (1963) 1ff. hat kurz darauf im grammatikalischen und syntaktischen Bereich neue Wege gezeigt, an denen wir uns orientiert haben, um weiterführende Ergebnisse zu gewinnen. Ermöglicht wird dieses Unterfangen durch eine größere Zahl erst kürzlich edierter neuer Texte, die mehrere grammatische Erscheinungen verdeutlicht bzw. erst neu aufgezeigt haben.
Es schien daher lohnend, einen neuen zusammenfassenden Überblick aller grammatikalischen Fakten zu geben.

Graphik

§ 2 Das Palaische wurde in der üblichen heth. Keilschrift geschrieben. Es ist nur zu vermerken:

a) daß für Lehnwörter aus dem Chattischen die Sonderzeichen *u̯a*$_a$, *u̯u*$_u$, *u̯ú*$_ú$ usw. gebraucht wurden, wohl um einen spirantischen Laut /*f*/ wiederzugeben, wie im Falle des Churritischen.

b) Ein weiteres Charakteristikum im Gebrauch dieser Keilschrift ist, daß die Zeichen für Ideogramme und Determinative ziemlich selten verwendet werden. Letztere können selbst bei Götternamen fehlen (z.B. *Tii̯az*; *Šaušḫallaš*). Ihr seltenes Vorkommen mag in Zusammenhang mit den Schreibgewohnheiten der altheth. Texte stehen, die ebenfalls einen spärlichen Gebrauch dieser Zeichen bezeugen.

§ 3 Auch im übrigen zeigen die pal. Texte eine ähnliche Verwendung der Keilschriftzeichen wie in den altheth. Texten: es wird die Pleneschreibung der Vokale bevorzugt, ebenso wie die Schreibung der Zeichen für die Tenues (z.B. *t*) anstatt der Mediae (z.B. *d*) nach *n*, *s* u.dgl.

Auffällig ist eine gewisse Unsicherheit in der Niederschrift der pal. Texte: neben zahlreichen Rasuren (Korrekturen) scheint auch eine Verwechslung von ähnlich aussehenden Zeichen häufig vorzukommen, z.B. *ta-a-u-u̯a-i̯a* (*-an-ta*) 2A Vs. 3 und *ša-a-u̯a-i̯a* (*-i̯a*); ebda. Rs. 22; *te-e-ka-an-za* 3B Vs. II 7 und *te-ta-a-an-za* 3A Vs. I 12 (wohl über ein **te-ga-a-an-za*).

Phonetik

§ 4 Die Vokale des Palaischen sind — gemäß dem uns von der Keilschrift gelieferten Bild — die schon für das Heth. und Luw. bekannten *a, e, i, u*. Es gibt Indizien für ein Vorwiegen des *a*-Vokalismus gegenüber dem Stand des Hethitischen:

a) z.B. in *malit-annaš* „aus Honig bestehend; honighaltig", wie luw. *mallit-* gegen heth. *melit* „Honig";

b) Akk.Sg. des Demonstrativums *apan*, wie luw. *apan*, gegen heth. *apun*;

c) die evtl. Hilfsvokale am Anfang von *aškummau̯a(ga)š* „Fleisch" oder etwa in *Zaparu̯a*$_a$ gegen heth. *Ziparu̯a*$_a$, beides vielleicht aus einem **Zbarfa*.

d) 3.Pers.Imper. *āšdu* wie luw. *āšdu* gegen heth. *ēšdu*.

§ 5 Auch im Palaischen entwickeln sich Übergangslaute (Halbvokale) zwischen *i, u* und *a*: z.B. *natipi*, aber *natipii̯an* unb. Bedeutung; 3.Sg. Präs. *anitti* „er tut", aber 2.Sing. *anii̯aši* „du tust"; *aškummau-u̯-aš*. Dasselbe geschieht zwischen *a* und *a*: z.B. *šau̯ai̯a-i̯-a* „und die Becher" (mit *-a* „und" — nicht, wie vermutet, *-(i̯)a*); oder nach 3A I 17 *Tabarnai Tau̯anannai-a*, (wohl aus *-ai* + *a* und nicht *-i̯a*, wonach man *-aii̯a* erwarten sollte).
Rätselhaft bleibt *-g-* in *takkuu̯agati* gegen sonstigem *takkuu̯āti*: vielleicht hiatusbildender Spirans zwischen den zwei *a-a*, vgl. etwa KBo XI 40 VI 12 *ši-ga-at-tal-li-*$^{!}$*ki-iz-zi* gegenüber sonstigem *ši-i̯a-at-tal-li-iš-ki-iz-zi* ebda. VI 3 u.ö.

§ 6 Es gibt im Pal. einen gewissen Zug zur Nasalierung, was vor allem in den Satzeinleitungsgruppen zum Vorschein kommt und durch die Graphik *-en-* für *-in-* (z.B. *a-an-ti-en-ta*) oder *-an-* (z.B. *a-še-en-du*). Ähnliches kommt im Luw. (s. z.B. den Akk.Sg. auf *-i-en*; *-e-en* statt *-in*) und im späteren Heth. (z.B. die Graphik *pi-ten-zi* für *pi-id-da-an-zi*) vor.

§ 7 Im Konsonantismus herrscht weitgehend Übereinstimmung mit dem aus dem Hethitischen bekannten Bild. Abweichend davon sind nachweisbar:

a) eine labiale Spirans /*f*/, die durch *u̯a*$_a$, *u̯u*$_u$ usw. wiedergegeben wird (s. schon § 2) und auf chattischen Einfluß zurückzuführen ist,

b) ein erst nachträglich entstandenes stimmhaftes *s* /*z*/, welcher Laut teils durch *z*-haltige, teils durch *š*-haltige Zeichen dargestellt wird. Dieser sog. „Wechsel" *š*/*z* findet sich vor allem in Endstellung, aber auch nach *n* (vgl. 2A Rs. 4]-*i̯a-an-za a-pa-an-ša šu-u̯a-a-ša-la-a-an-za*); *r* (s. -*ku-u̯a-ar-zi*; *ma-ar-za*); *l* (*Gulzannikeš*); und *ḫ* (vgl. *Li-iḫ-zi-na*). Während letzteres auch im Luw. stattfindet, ist der „Wechsel" *š*/*z* in Endstellung typisch palaisch. Auch hierbei können evtl. chattische Einflüsse geltend gemacht werden.

§ 8 Ein Charakteristikum des Palaischen ist, daß die (Schreibungen der) Geminatae bei den Verschlußlauten sehr selten sind und vor allem bei gleichlautenden Wörtern keine Übereinstimmung mit dem Hethitischen besteht: pal. *kitar* / heth. *kitta*(*ri*); pal. *nuku* / heth. *nukku.*
Somit ist die Sturtevant'sche Regel (wonach alte idg. stimmlose Konsonanten durch doppelte, idg. stimmhafte Konsonanten durch einfache Konsonantenschreibung unterschieden würden) beim Palaischen nicht zu verifizieren (s. schon Kammenhuber, Gramm. 28f.).
Schreibung der einfachen Konsonanten gegenüber der Doppelung des Heth. scheint selbst bei den Continuae vorzukommen, die sonst vielfach als Geminatae erscheinen: s. z.B. pal. *šuna-* / heth. *šunnai-* „füllen"; die Endung des Adj. Gen. *-ašaš* / heth. *-aššaš* (nur Adj.); die Endung des Nomens Actoris *-tala-* / heth. *-talla-* u.a.

§ 9 Bei den Dentallauten notieren wir:

a) Nicht-Assibilierung vor *-i* und *-e*: pal. *atanti* heth. *adanzi*; pal. *šunnuttila* „Füllung" (?) heth. *-zel* (*šarnikzel* „Ersatz"); „Refl."-Partikel *-ti* heth. *-z.*

b) die Assimilierung vor *n* zu *nn*: *Gulzannikeš* aus **Gulzatn-ikeš*, also „die Göttinnen der Tafeln (des Lebens)".

§ 10

1. Labiallaute: außer *p* und *b* (in *Tabarna*) besitzt das Pal. auch *f* (s. oben § 2).
2. Velarlaute: Vielleicht wird gelegentlich *-k-* zu *-ḫ-*, z.B. *u̯aḫarii̯anza* falls heth. **u̯akkarii̯anza* entspricht (s. auch unter 3).

3. Labiovelare: an sicheren Belegen gibt es zwei sich widersprechende Beispiele: *kuiš* heth. *kuiš* usw. einerseits und *aḫuna* heth. *akuu̯anna*, *aḫuu̯anti* heth. *akuu̯anzi* andererseits, was also eine Entwicklung zu *ḫ* andeutet (vor *-u-* oder allgemein intervokalisch?).

§ 11

1. Unter den Nasallauten assimiliert sich *n* an den folgenden Konsonant *-p*: 3A Vs. I 12 *ḫaširam-pi* neben 3B Rs. III? 7, 19 GÍR-*an-pat*.
2. Zum „Wechsel" *š/z* bei den Spiranten, s. oben.
3. Außer dem üblichen konsonantischen Wert hat *ḫ* vielleicht gelegentlich die Funktion eines gehauchten Vokaleinsatzes: *ḫā-* „warm, heiß werden(?)" heth. *ā-*, gl. Bdg.

Morphologie

§ 12 Die Morphologie des Palaischen ist in ihrer Struktur vom indogermanisch-anatolischen Typus, wenn man darunter die Merkmale versteht, die das Hethitische, das Luwische, das Hierogl.-Luwische und die jüngeren Sprachen Lykisch und Lydisch gemeinsam charakterisieren. Sie unterscheidet sich nicht in den uns schon längst bekannten Kategorien. Nur scheint es, als ob die Sprache zahlreiche morphologische Elemente gemeinsam mit beiden Dialektgliederungen des alten Anatolien, dem Hethitischen (und Lydischen) einerseits, dem Luwischen (Hier.-Luwischen und Lykischen) andererseits, gehabt hätte. S. oben „Einleitung" § 7.

Nomen

§ 13 Das pal. Nomen (Substantiva, Adjektiva, Partizipien) hält sich im ganzen in den für das Heth. und Luw. bekannten morphologischen Verhältnissen. Es hat:

a) zwei Genera: commune und neutrum, und

b) zwei Numeri: Singular und Plural.

c) Mit Sicherheit sind fünf Kasus nachzuweisen: Nom., Akk., Dat., Lok. und Vok. Für den Gen. gibt es einige als solche auch funktionell deutbare Endungen. Ein Abl.-Instr., heute postulierbar, ist nicht mit Sicherheit aufzuspüren.

§ 14 Es ist möglich, daß die Funktion des Gen. z. T. von adj. Ableitungen übernommen wurde, wie im Luw., Lyk. und Lyd. In Frage kämen:

das Suffix	*-ka-*
	-(a)ša-
evtl.	*-anna-* etwa in *malit-anna-š*?
	(oder normaler Gen. aus *-atar*-Bildung?)

§ 15 Übersicht der Endungen:

Sg. N. c.	*-š*	Pl. N. c.	*-i/eš*
	—		*-aš*
V.	*-š*	V.	*-i/eš*
	—		
A. c.	*-an*		*-anš/za*?
N.-A. n.	—, *-an*		*-a*
	-at		*-ša/za*
G.	*-aš*		
D.	*-i*; *-ai*		*-aš*
L.	*-a*		
Abl.-Instr.	*-at*??		

§ 16

a) N. *-š* auch bei Stämmen auf Dental: *tii̯az*, aus **tii̯at-s*; *marḫanza*, aus *marḫant-s*, Part., usw.
Der N. dient auch als V., der aber für den Sg. auch eigene Formen aufweist: *Zaparu̯a*, *tabarna* (*papa-mi*).

b) A. von *i*-Stämmen vielleicht ebenfalls auf *-an*: *ānnittalkii̯an*; *natipii̯an*.

c) N.-A. n. Sg. endungslos in 1. einigen Abstrakta auf *-man*; 2. in den Partizipien: *maranān*, *pariparān*, *patamman* u. a.

d) Gen. auch [*ḫ*]*āranaš* zu *ḫaraš* „Adler(?)"? Vielleicht *šamluu̯aš* und *malitannaš*, vgl. auch § 14 und Kammenhuber, Gramm. 32.

e) 1. Dat. sicher auf *-i*, bei GN und Appellativa: *tabarni*; ebenso *Zaparu̯āi*, da der Stamm auf *-ā* endet; *tannanii̯a* ist unsicher (Lok. möglich).
2. Lok. sicher auf *-a*: *ḫalpūta*, *úlanna* usw.

f) N. c. Pl. auf *-i/eš* gesichert; auf *-aš*, in *marḫaš* scheint ebenfalls sicher zu sein.
Für den A. c. Pl. *-nš/za* in *maḫlanza*, s. Meriggi, RHA XXI, 6 ebenso für den N.-A. n. auf *-š/za* .

§ 17

a) Die meisten Stämme enden auf Vokal:

-*a*- *annaš, tabarnaš, u̯úlašinaš* usw.
-*i*- *ḫalluiš?, danniš, natipi* (n.?)
-*u*- *aruš šuu̯aru(š), šurušuru, u̯ašu.*

b) Stämme auf Konsonant:

-*t*- *tii̯az* und analog *Zaparu̯az* (vgl. *Zaparu̯at-aša-š?*); und
-*nt*- *mai̯anza, marḫanza* usw.
-*n* *agaman, ḫašīran, šapāman, širian*
-*r* *šāu̯idār, ḫinapi(-)ešḫur?*

c) Stammwechsel und Flexionsalternanz sind unsicher:

ḫarāš, ḫāranaš? ēšḫa (aus *ešḫar*, vgl. *ešḫur??*), *ēšḫana*- (vgl. auch *u̯attana?*).

§ 18 Wortbildung:

a) Nomen für Abstrakta(?): -*man, šapāman, agaman*;
Nomen actionis(?): -*ttila, šunnuttila* (s. Kammenhuber, Pal. 86; Gramm. 34);
Nomen actoris(?): -*ttala*-, *ḫapittala* (s. Kammenhuber, Pal. 74; Gramm. 34);
Part.: -(*a*)*nt*-, *marḫanza, ḫašauu̯anza.*

Weiteres funktionell unklar: -*ala*-: *ḫalpii̯ala*; vielleicht adjektivisch: -(*a*)*li*- in *kuliu̯ališ, tilila* (?) u.a.; fremdsprachiger Ursprung (chattisch) könnte für -*na*- angenommen werden, dessen Funktion als Formans durch das häufige Vorkommen in *aruna*-, *antana*-, *ḫarkina*-, *tabarna*-, *tau̯annana*- u.a. wahrscheinlich ist.

b) Adjektiva scheinen zu bilden:

-*ka*-, in den oft besprochenen Endungen -*kat*, -*kieš*; -(*a*)*ša*-, in einigen Ableitungen von GN (vgl. luw. -*ašši*-, lyk. -*ahi*-?), deren Funktion die einer genitivischen Relation zu sein scheint; -*ni*-, oder -*kini*-, in *u̯āšukinieš*, vielleicht Verschreibung für *u̯ašunikieš*: jedenfalls gleicher Funktion (vgl. heth. *pappanikni*-) -(*a*)*li*-, s. oben.

c) Die Reduplikation ist nur voll (Iteration) belegt: *ḫuu̯anḫuu̯annikat, šūrušūru.*

Komposita sind nicht nachweisbar (s. aber *u̯a$_a$šḫullatii̯aš*, vielleicht aus *u̯a$_a$šḫulla*- und *tii̯aš* = *Tii̯az*).

Pronomen

§ 19 Jede Gruppe von Pronomina ist im Pal., wenn auch nur durch wenige Formen, vertreten: Personal- (*tī* „du"), und Possessiv(?)-Pronomen (*-mi-* „mein"); das enkl. Pronomen der 3. Pers. (*-a-*) und das Reflexivum (*-ši*); das Demonstrativum (Stämme *apa-* und *ka-*) und der Stamm des Relativ- und Fragepronomens (*kui-*) auch mit seinen Formen für das Indefinitum.
Die sicheren Formen gehören fast ausschließlich dem Sg. an. Die Flexion scheint im wesentlichen der des Heth. zu entsprechen; einiges Morphologische weist jedoch deutlich zum Luw. hin: *-du* „ihm, ihr"; *tī* „du", ohne *-k*; *apanša*, falls A. c. Pl.

§ 20

a) Personalpronomen:	N. c., V.	*tī* „du"
	D./A. c.	*tū* „dir, dich"
b) enkl.:	A. c., D.	*-mu* „mir, mich".

§ 21

a) Enkl. Pronomen der 3. Pers.

Sg.	N. c.	*-aš*	Pl. *-aš*, [*-e*?]
	A. c.	*-an*	[*-amšai*??]
	N.-A. c.	*-at*	*-e*
	D.	*-du* „ihm, ihr"	

b) „Reflexivum": *-ši* „sich" Sg. und Pl.

§ 22 Demonstrativa: *apa-* „jener", *ka-* „dieser".

Sg.	N. c.			Pl. *-apiš*?
	A. c.	*-apan*	*gan(i)-*?	*apanša*?
		apan(i)-?		
	N.-A. n.		*kāt*	*-apa*?
	„Abl."		*kiat*	

Vielen Formen haftet eine Unsicherheit in ihrer Deutung als Pronomina an, auch z. B. durch Zusammenschreibung mit dem vorhergehenden Wort.

§ 23

a) Relativ- und Fragepronomen: Indefinitum.

Sg. N. c.	*kuiš*	*kuiš kuiš*	und	*kuiša*?
A. c.	*kuin*(*natipii̯an*?)			
N.-A. n.	*kuit* (als „weil" belegt)			
D.	*kui* (?, Kammenhuber, Pal. 79).			

Verbum

§ 24 Das morphologische Bild des pal. Verbum entspricht im wesentlichen dem des Heth. Einiges weist wiederum zu Luw. hin. Es sind nachweisbar:

zwei Konjugationssysteme: *-mi-* und *-ḫi*-Konj. (letztere nur 3. Pers.);
zwei Diathesen: Aktiv und Medio(passiv);
zwei Modi: Indikativ, Imperativ;
zwei Tempora: Präsens und Präteritum.

§ 25

Aktiv

a) Verbum finitum (die angegebenen Beispiele sind nur als Belege der neuen oder neu diskutierten Formen zu verstehen)

		Präsens		Präteritum
		-mi	*-ḫi*	
Sg.	1.	—	—	*-ḫa* (*u̯āšuha, daḫḫa*)
	2.	*-ši*	—	*-(i)š* (*ḫalāiš, purtaḫḫiš*)
	3.	*-ti* (*parkuiti*)	*-i* (*mūši*?, *šapauinai*)	*-t*
Pl.	1.	*-u̯ani*	—	—
	3.	*-nti* (*išḫaranti*)	—	*-nta*

Imperativ

Sg.	2.	— (*ari, iška, marhii̯a*) (*i-ú*)	Pl.	2.	*-ttan* (*šittan*?)
	3.	*-du*		3.	*-ndu*

Medium

Präsens

Sg. 3. *-tar* (*kītar*) *-ri* (*ḫāri*, *gašāri*?)
(*ḫueri*?)

Pl. 3. — *-nta* (*ḫānta*)

b) Verbum infinitivum: Infinitiv *-una*
Partizip I *-(a)nt-*
II *-mmi-* (*patamman*)

§ 26 Wortbildung:

a) Die Unterscheidung von thematischen und athematischen Verben ist schwer, läßt sich jedoch in einzelnen Fällen durchführen:

1. athematisch: *ar-*, *aš-*, *gaš-*, *muš-*, *ḫa-*, *da-*, *tazzu-*, *u̯er-* u. a.
2. thematisch: *ani-*, *ḫapari-*, *ḫušši-*, *luki-*, *marḫi-*, *u̯aḫari-* u. a.

b) Weiterbildung:

1. Ein Durativ (-Iterativ) auf *-na-* ist nach den folgenden Formen anzunehmen: *mara-na-* (s. *mara-*), *marḫi-na-* (s. *marḫ(i̯a)-*), *pari-na-* (s. *parai-*), *šàpa-na-* und *šapau̯i-na-* (s. *šapa-man*) und *šu-na-* (in den letzteren auch iterativisch?).
2. Iter. *-šk-* noch in *azzikī*, aus **ad-sk-* (falls wirklich pal.); und *-š(š)-*, aus *-šk-*, wie im Luw., in *pī-ša-*, *ḫanta-ša-n*, *ḫu-šš-i-nta* .
3. Evtl. auch ein *-ša-* in *marišša* (da *-ḫi*-Konj., s. Kammenhuber, Pal. 35; Gramm. 40).

c) Reduplikation, ebenfalls als Iteration vorhanden: *lukiluki-*, *pariparai-*.

Indeclinabilia

§ 27 Negation: nur *ni(d)*, wie lyd. *ni(d)* — heth. *lē* (prohibitiv) und *natta*, *nau̯a* „noch nicht"; luw. *nauu̯a* und *ni(š)* (prohib.) — lyk. *ne*.

§ 28 Konjunktionen:

1. Beiordnende Konjunktionen:
   a) *-a*, wie heth. *-(i̯)a* „und";
   b) *nu*, wie im Heth., und *nuú*, mit noch wahrnehmbarer Bedeutung „nun": tontragend;

c) *-ku*, immer enklitisch und an der 2. Stelle in der Partikelreihe rangierend;

d) *-ma-* „aber", weder funktionell noch in der Bedeutung eindeutig gesichert.

2. Unterordnende Konjunktionen:

a) *kuit* „weil", s. *kuiš* und vgl. heth. *kuit*;

b) *mān* „wenn, falls", wie heth., luw. *mān*;

c) *maš-*, noch unklarer Bedeutung und Herkunft; es scheint die Apodosis einzuleiten: s. Verf., Satzpartikeln, S. 89f. = lyk. *me*².

3. Ein *-kuu̯a-*, q.v., vielleicht verallgemeinerndes Enklitikon, ist selbst in seiner Gestalt nicht sicher: Trennung *-ku(u̯)-at* scheint möglich zu sein.

§ 29 Partikeln. Wie die anderen idg. Sprachen Anatoliens bietet auch das Pal. einen ungewöhnlichen Reichtum an Partikeln, die sich am Anfang des Satzes enklitisch gruppieren; sie erscheinen hier jedoch nicht so regelmäßig wie im Heth. und Luw.

a) Satzeinleitungspartikeln: *a-* tontragend; *-pa*(-), immer an der 2. (oder 3.) Stelle der Satzeinleitungsgruppe; mit leicht adversativer Bedeutung, wie luw. *-pa*.

b) Reflexivpartikel: *-ti*, heth. *-z*(*a*), luw. *-ti* usw.

c) Satz-/Verbalpartikel: -(*n*)*ta*, *-tta* : luw. *-tta* usw.; funktionell den heth. *-kan*, -(*a*)*šta* usw. entsprechend.

d) -(*am*)*pi* u.B., vielleicht Verbalpartikel, dem heth. -(*a*)*pa* entsprechend (s. Verf., Sprache XIV, 1968, 15 Anm. 3: istan. *-appi*).

e) Partikel der berichteten Rede: *u̯ar*(-), in altertümlicherer Gestalt als heth. *-u̯a*(*r*), luw. *-u̯a*.

Zur Einordnung der Konjunktionen und Partikeln in der Reihenfolge der Satzeinleitung, die der des Luw. (Laroche, DLL §49f., S.144f.) und des Heth. entspricht (Friedrich, HEb² § 288, S.147), s. unter *a-*, *-ku-*, usw. (s. auch Verf., Satzpartikeln, S. 40).

WÖRTERBUCH

Aufgenommen sind alle palaischen (und jedenfalls nicht-hethitischen) Wörter und Wortreste; eingeordnet sind auch die wenigen in palaischem Kontext vorkommenden Ideogramme. Wortreste stehen an alphabetischer Stelle unter dem ersten erhaltenen Silbenzeichen. Wörter, die nur einmal bzw. nur in einer Laut- oder Formgestalt vorkommen, werden syllabisch, die übrigen in scriptio continua wiedergegeben.

Die Texte sind der Einfachheit halber nach unserer Transkription zitiert; die Editionsnummern sind über die Textkonkordanz leicht feststellbar.

Außer den üblichen Abkürzungen werden gebraucht:

gl. Bd.	=	gleicher Bedeutung
om.	=	omittit, mit Bezug auf in Duplikaten ausgelassene Zeichen
q.v.	=	quod vide (siehe unter angegebenem Stichwort)
unb. Bd.	=	unbekannter Bedeutung

a- satzeinleitende Partikel, immer als Stütze für die übrigen, meist konj. Partikeln gebraucht: luw., h.h. *a-*; lyd. *a-k*; funktionell dem heth. (und z.T. pal.) *nu* gleich.

1. mit konj. Part.: *a-ku-an* 1 A I 15;
   a-a-pa? 2 A Vs. 8;
2. mit enkl. Pron.: *a-du* 2 A Rs. 2, 24;
3. mit refl. Part.: *a-ti-apan* 2 A Vs. 15, 20;
   a-ti-tta 2 A Vs. 11;
   a-(a)nti-(e)nta 1 A I 6, 17 (= B 5);
4. mit Satzpart.: *a-(a)nta* 2 A Vs. 3 (= B_1 5), 8, Rs. 6, 7; 3 A I 15
   a-a-an-ta (= B III 10; = C 3, 12).

Meriggi, RHA XXI (1963) 1ff.; Carruba, Satzpartikeln, 24ff., 33f.

-a- enklitisches Pronomen der 3. Pers., meist in anaphorischem Gebrauch: heth., luw., h.h., lyd. *-a-*.

Sg. N. c. *-aš* *mān-aš* 2 A Rs. 23;
A. c. *-an* *ni-ppa-an* 1 A I 12;
a-ku-an 1 A I 15;
n-an 1 B I 3(?), 4; 2 A Rs. 23 (oder *a*]*-an*?);
s. auch *-u̯ar-an*?
N.-A. n. *-at* *šurušuru-(ma-)at* 2 B_2 20, 24; evt. *-ku(u̯)-at* 1 A I 8, 15 (= B 3);
Dat. *-du* „ihm, ihr", q.v.;
-ši „sich" (reflexiv), q.v.;

Pl. N. c. *-aš* *ni-ppa-aš* 1 A I 7, 9, 18;
N.-A. n. *-e* *n-e* 2 A Rs. 13;
e- (?) *e-pa* 2 A Vs. 8;
Dat. *-ši* „sich(?)“, q.v.

Kammenhuber, Pal. 48f., 71; Gramm. 35; Meriggi, RHA XXI, 3ff.; Carruba, Satzpartikeln 33f.

-a (nach Kons.) und *-i̯a* (nach Vokal); enkl. Konjunktion „und“; heth. *-(i̯)a*; luw., h.h. *-ḫa*; lyk. *-χe*:

1. Wortkonjunktion: 3 A I 17 *Tabarnai* ^{SAL}*Tau̯anannai̯-a*;
2. Satzkonjunktion: 2 A Rs. 22 *šāu̯ai̯a-(i̯)a šūnat* „und er hat die Becher gefüllt“; 2 B_2 Vs. 21 *Tabarnaš-a* ^{SAL}[*Tau̯anannaš*]; 2 A Vs. 15 (= B_2 6, 13) *kuiš-a tū́ u̯u*$_a$*lāšinaš kārti* „und welches Brot dir im Herzen (ist)“, evtl. verallgemeinernd, s. unten 3);
3. Verallgemeinernd: 3 A I 16; B Rs.$^{?}$ III 11 *kuiša ḫueri* „jeder .....-t“, s. evtl. auch unter 2).

Kammenhuber, Pal. 36, 71; Carruba, Satzpartikeln, 103, 105.

a-a-i mit *tu-ú-u̯a* in einer gesangartigen Partie des Mythos; unb. Bd., dem Chattischen nahestehend und lautmalend nach Kammenhuber: 1 A IV 4, 6, 8 (2 ×).

Kammenhuber, Pal. 60, 71.

-]*aḫ-ḫa*[(-) 8 II 18.

aḫu- „trinken“: heth. *eku-/aku-* gl. Bd.; luw. *āḫḫuu̯āḫḫuu̯a-* Red. „überschwemmen“ (Meriggi, WZKM LIII (1957) 211 Anm. 49).

Präs. 3. Pl. *a-ḫu-u̯a(-a)-an-ti* 1 A I 7, 9, 18 (= B 6);
Inf. *a-ḫu-u-na* 2 A Rs. 22.
Unsichere Form *a-ḫu*[- 12, 5.

Otten, AfO XV 81f.; Kammenhuber, Pal. 37 (mit früherer Lit.).

a-ga-ma-an unb. Bd. 2 A Rs. 2: N.-A. n. Sg. eines *-man*-Stammes bzw. eines Part.

Kammenhuber, Gramm. 32; Pal. 25; Carruba, Gramm. § 18.

a-ku-an s. *a-*, *-ku-* und *-an*.

-]×*-a-li-iš* 6 Vs. 6, vor *nadipanta*.

-]*a-ál-li-n*[*a-* 4, 26.

-am-pi Partikel noch nicht klarer Funktion, s. *-pi*, weil *-am*, aus *-an*, die Endung des Akk. Sg. zu sein scheint.

Kammenhuber, Pal. 22f.

a̭-a̭m-ša-i̭ 2 B_2 25: Satzanfang wahrscheinlich, daher *a-* satzeinl. Part. *-am-ša-i* enkl. Pronominalform(en)? vgl. heth. *anzaš*, luw. *anza* „uns". Siehe auch evtl. Lesung *za̭-a̭m-ša-i̭*.

an[- 1 C 10; 3 A I 24.

-]*an* 2 C Rs. 3.

-]*a-an* 1 B 10.

-*a*]*n-na* 8 II 17.

anna- „Mutter": heth. *anna-*, luw. *anni-*, lyk. *ẽni*.

Sg. N. *a-an-na-az*(*-ku-u̯a-ar*) 2 B_2 8 (= A Vs. 22);
an-na-aš 5 A II 21 (= 5 B 4).

Kammenhuber, Pal. 21 (mit Lit.);

-*a*]*n-na* 8 II 17.

a-an-na-ak[- 3 A II 8.

ani(*i̯a*)- „tun; wirken": heth. *anii̯a-*, luw. *a*(*n*)*ni*(*i̯a*)-.

Präs. Sg. 2. *a-ni-i-i̯a-ši* 2 A Rs. 10;
3. *a-ni-it-ti* 2 A Rs. 10;

Prät. Sg. 1. *a-ni-e-eḫ-ḫa* 3 A Vs. I 4?

Imper. Sg. 2. *a-ni-i̯a-* 2 A Rs. 10.

Kammenhuber, Pal. 27.

(-)]*a-ni-i̯a-*×[1 B 11: zu *ani*(*i̯a*)-?

a-an-ni-i 2 A Rs. 23: unb. Bd., Pronominalform? heth. *anni-* „jener" (Kammenhuber).

Kammenhuber, Pal. 38.

a-ni-e-eḫ-ḫa (-) 3 A I 4, s. hier oben *ani*(*i̯a*)- „tun; wirken".

a-an-ni-it-ta-al-ki-i̯a-a[*n* 9 Vs. 7, unb. Bd.; vorn vollständig?

an-da(-) 2 C Vs. 9 mißverstanden für *a-an-ta* 2 A Vs. 3 und B_1 5, q.v.

a-an-ta satzeinleitende Partikelreihe, s. *a-* und -(*a*)*nta*.

Kammenhuber, Pal. 14, 26, 72; OLZ 1955 Sp. 358f.; Meriggi, RHA XXI, 6f.; Carruba, Satzpartikeln, 24ff.

-(*a*)*nta* (Vor- und) Nebenformen von -(*t*)*ta*, q.v.

Carruba, Satzpartikeln, 24ff.

a-an-ta-na-an 2 A Vs. 23: unb. Bd., Akk. Sg. c.; vorn vollständig?

-*a*]*n-ti* 8 II 6.

a-an-ti-en-ta satzeinleitende Partikelreihe, s. *a-*, -(*n*)*ti* und -(*n*)*ta*.

Meriggi, RHA XXI, 6f.; Carruba, Satzpartikeln, 24—26 mit Anm. 12.

-]*an-za* 1 A I 6: Endung des Akk. Pl. c.

-]×-*an-za* 3 C 10, nach A I 12 und Spuren wohl *te-t*]*a-an-za* zu lesen.

(-)*apa-* „jener", Demonstrativpronomen: heth. *apā-*, luw. *apa-*, h.h. (*a*)*pa*; lyk. *ebe* „dieser"; lyd. *bis* „er; is", *ebad* „dort; hier" (?).

Sg. A. c. -*a-pa-an* 2 A Vs. 15, 20;
a-pa-n(*i*)-*du* 2 A Vs. 25 (?), q.v.;
Pl. N. c. -*a-ap-iš* 5 A II 22;
N.-A. n. *a-pa-an-ša* 2 A Rs. 4;
-*a-pa* 1 A IV 10 (? evtl. Partikel -*pa*, q.v.).

Kammenhuber, Pal. 72.

a-a-pa 2 A Vs. 8 evtl. *e-pa* zu lesen, s. *a-*, satzeinl. Partikel, bzw. -*a-*, enkl. Pronomen; und -*pa*.

a-pa-ni-du satzeinleitende Wortgruppe: *apani-*, unb. Bd. oder *apan*(*i*), Akk. Sg. von *apa*, q.v. und -*du*, enkl. Pron. 3. Pers., q.v., 2 A Vs. 25 (?).

a-pa-an-ša 2 A Rs. 4, s. *apa-*.

(-)]*a-piš* 2 A Rs. 2; evtl. -]*e-kir*, q.v., zu lesen. Ersteres wegen möglicher Verbalformen auf -*š* Z. 3, 5 wahrscheinlicher: also Prät. Sg. 3.?

a-ap-la[- oder *a-dup-la*[-, unb. Bd.: vgl. heth. [TÚG]*adupli-*, luw. *atupalašši-*? 2 C Vs. 10.

ar[- 5 A III 22.

ar- Verbalform: „gelangen (?)", vgl. heth. *ar-* gl. Bd.;
Prät. Pl. 3. *a-ra-an-ta* (-*mu-ut*) 2 B_2 22;
Imper. Sg. 2. *a-ri* 2 A Vs. 22; *a-ri-e* ebd. 8.

Kammenhuber, Pal. 17; Carruba, Satzpartikeln 34.

(-)]*a-ra-ki-ga* N.-A. n. Pl. unb. Bd. vor *dam-ma-ri-ga*, 5 A III 21.
Kammenhuber, Pal. 33.

(-)]*a-ra-na-aš* vielleicht als [*ḫa-*]*a-ra-na-aš* zu ergänzen und dann Gen. Sg. von *ḫaraš* „Adler", q.v., 1 B 7.

a-ra-an-ta (-*mu-ut*) 3. Pl. Prät. von *ar-*, q.v.?

a-ra-aš N.-A. n. Sg./Pl. c., unb. Bd.: 5 A II 23 (= B 5 *a-ra-a*[-)

a-ar-ra-kat N.-A. n. Sg., unb. Bd., vgl. etwa „luw." *aḫra-* (*u̯aḫra-*)? 5 A II 21 (= B 3).

-*a*]*r-ḫa-an* lies wohl *ma-*(*a-*)*ar-ḫa-an*? 2 C Rs. 4.

a-ri s. *ar-*.

a-ri-e s. *ar-*.

a-ri-i̯a-ki D. Sg. eines Adj. unb. Bd. 5 A III 7.

ar-šu-ú-kat N.-A. n. Sg., unb. Bd.: 7 Rs.? 12.

a-ru-u-na-am-pi als *arūnan-pi* evtl. auch *arūn-ampi* zu verstehen (s. -*(am)pi*), wobei *arunan* „Meer" wahrscheinlicher ist: A. c. (bzw. n.), 2 B_2 9 (= A Vs. 23 [*a-ru-u-*]*na-am-pi*).
Kammenhuber, Pal. 22.

a-ru-ra-aš N. c. Sg./Pl., unb. Bd.: 5 A III 17.

a-ru-uš „viel; sehr": pal.? Vgl. heth. *aru šuu̯aru*: 4, 5 vor *šu-u̯a-ru-uš*.
Carruba, Wišurijanza, 13f.

]-*aš* 8 II 12.

aš-/(*eš-*)? „sein", heth. *eš-*/*aš-*, luw., h.h. *as-*:

Prät. 3. Sg. *e-eš-ta*[5 A III 17 (Kammenhuber, OLZ 1955 Sp. 357 Anm. 2; Pal. 24: heth. bzw. hethitisierte Form in pal. Kontext);
Imper. Sg. 2. *a-aš* 5 A III 10;
3. *a-aš-du* 2 A Vs. 28;
Pl. 3. *a-ša-an-du* 2 A Rs. 6, 7, 8; *a-še-en-du* 3 B III 13.

Kammenhuber, Pal. 24, 73.

-]*a-aš-ša*[- 8 III 4.

(-)*a*]*š-ša-mu-ut* 2 C Rs. 5, evtl. 6 *a*[*-aš-ša-m*]*u-ut*; für *-mut* als Partikel(reihe), vgl. *aranta-mut*?

-]*a-ša-at* 1 B 9.

ašku(m)mauu̯a- „Fleisch", da es dem heth. UZU*šuppa* von 2 A Rs. 11 zu entsprechen scheint.
N. c. Pl. *aš-ku-(um-)ma-a-u-(u̯a-)aš* 3 A I 14 (= B III 9, 20);
Adj. Pl. N.-A. n. *aš-ku-ma-a-u-u̯a-ga* 2 A Rs. 11.
Kammenhuber, Pal. 28, 36, 73.

-]*aš-ti-iš* 3 B IV 1.

ad- „essen", heth. *et-*/*at-*, luw. *ad-*, h.h. *ad-*, *ar-*:
Präs. Pl. 3. *a-ta-a-an-ti* 1 A I 7, 8; *a-da-a-an*[*-ti*?] 12, 7;
Iter. Imper. Sg. 2. *az-zi-ki-i* 2 A Vs. 15, 20 (heth.?).
Otten, AfO XV 81f.; vgl. Bossert, HKS 88; Kammenhuber, OLZ 1955, 356f.; Pal. 19, 73; Meriggi, RHA XXI, 3ff.

]×*-at-ta-an-ti-iš* N. c. Sg. unb. Bd.: 4, 4.

a-at-ta-at-ta-u̯a$_a$-an-ta 1 A Rs. 7 (ebd. 5 [*a-at-ta*?*-u̯*]*a$_a$-an-ta* allein?).
Kammenhuber, Pal. 60, 73.

a-ti Satzeinleitungsgruppe, s. *a-*, *-ti*.

a-du Satzeinleitungsgruppe, s. *a-*, *-du*.

a-dup-la[- 2 C Vs. 10, s. *a-ap-la*[-.

a-ú-×[- 12, 3.

a-ú-in-t[*a* wohl luw. Prät. Pl. 3. aus *au̯i-* „kommen": 4, 9.

azzik- Iter. von *ad-* „essen", q.v.

(-)]?*e̤-kir* 2 A Rs. 2; eher vielleicht -]*a-piš* zu lesen, mit *-š* wie evtl. die Verbalformen *ḫalluiš* und -]×*-iš* der Z. 3 bzw. 5: dann Prät. Sg. 3. (?).

-(*e*)*nta* nasalierte Nebenform von -(*t*)*ta*, q.v.

e̤-pa 2 A Vs. 8: Pronominalform *e-*, s. *-a-*; und Partikel *-pa*, q.v.; evtl. *a-a-pa*, mit Satzkonjunktion *a-*, q.v., und Partikel *-pa* oder Demonstrativum *apa-*, q.v.

(-)*e-eš-ḫa* 5 A III 13 in Zusammenschreibung mit *ḫa-pa-ri-u̯a-ni*, = heth. *ešḫa*(*r*)?, s. auch (-)*eš-ḫu-ur*.

(-)*e-eš-ḫa-na* 5 A III 15 in Zusammenschreibung mit *ḫa-pa-ri-i-ši*, = heth. *ešḫana-*? s. oben und (-)*eš-ḫu-ur*.

(-)*eš-ḫu-ur* „Blut" (?), heth. *ešḫar*, luw. *ašḫa*(*r*)-, lyk. *esede-* (aus *ašḫata*(*r*)); in Zusammenschreibung mit *ḫi-na-pi-*, q.v.:

Sg. N.-A. n. (-)*eš-ḫu-ur* 5 A II 21;
(-)*e-eš-ḫa*(*r*?) 5 A III 13 (= *ešḫa*(*r*)?);
L.? (-)*e-eš-ḫa-n*[*a*(-) 5 A III 15.

Kammenhuber, Pal. 74.

e-eš-ta 3. Sg. Prät., heth. (?); s. *aš-*.

ḫā- „heiß, warm sein", heth. *ā́-* gl. Bd.

Med. Präs. Sg. 3. *ḫa-a-ri* 3 A I 14 (= B III 9 = C 3, 12);
Pl. 3 *ḫa-a-an-ta* 3 A I 14 (= B III 9, 20 *ḫa-an-da*; vgl. C 12);
Part. *ḫa-a-an*[(-)? N.-A. n. Sg. (oder *ḫa-a-an*[*-ta* zu ergänzen, wie 3. Pl. Prät.?) 2 A Vs. 6.

-]*ḫa* Endung der 1. Sg. Prät.: 11, 9.

ḫa-×-[2 B_2 25.

ḫa-la-(*a-i*)*-iš*(*-ta*) 3. Sg. Prät., unb. Bd.: 3 A I 9 (= B III 5).

ḫa-al-pí-i̯a-la N.-A. n. Pl., evtl. L. Sg., unb. Bd.: 2 A Vs. 3 (= B_1 Vs. 4, C Vs. 9).

Kammenhuber, Pal. 14.

(-)*ḫal-pu-ú-ta* L. Sg., unb. Bd., vgl. aber „heth." ᴳᴵŠ*ḫalputi*(*li*)-, chatt. *ḫal-u̯u*$_u$*-ut-te-la*(*-aš-ḫa-a-u̯i*$_i$): 2 A Rs. 6.

Kammenhuber, Pal. 26.

ḫal-lu-iš N. Sg. c. unb. Bd., Attribut nach *Ta-ba-ar-na-aš*? oder Verbalform?, vgl. ebd. 5 *-iš* am Zeilen- und Abschnittsende: 2 A Rs. 3.

Kammenhuber, OLZ 1955, 373; Pal. 25.

ḫa-am-šu-ka[*l-* 3 A II 2, vgl. luw. *ḫamšu(k)kalla-*, h.h. *ḫamasukala-* „Urenkel".

ḫa-an-[heth.? 3 A IV 7.

-]×*-ḫa-an-na-aš* s. *šeḫannaš*.

ḫa-a-an-ta s. *ḫā-*.

ḫa-an-ta[(-)? Verbalform, unvollständig? (nach Bossert, HKS 85 nach folgendem zu ergänzen): 1 A I 14.

ḫantana- „begegnen" o. dgl.

Präs. Sg. 3 *ḫa-an-ta-na-a-ti* 1 A I 12 (s. auch *ḫa-an-ta*[(-).

Kammenhuber, OLZ 1955 Sp. 367, 376; Pal. 74.

ḫa-an-ta-ša-a-an (*-ku-ṷa-it*) Part. N.-A. n. Sg. oder Substantiv A. c. Sg.? 1 B 8. Falls Verbum zu einem **ḫanta-*, vgl. *ḫantana-*?

ḫa-an-ti-li[(-) „erster" wohl luw., q.v.: 4, 3.

ḫa-pa-ma-an-da 3. Pl. Prät. (?) unb. Bd.: 5 A III 16.

Kammenhuber, Pal. 67.

ḫapari- Verbum unb. Bd. (vgl. heth. *ḫapparai-/iịa-* „überantworten; hingeben; verkaufen"?).

Präs. Sg. 2. *ḫa-pa-ri-i-ši* (*-e-eš-ḫa-na-*) 5 A III 15 (nach]×*-li-ši*!);
Pl. 1. *ḫa-pa-ri-ṷa-ni* (*-e-eš-ḫa*) 5 A III 13 (vor *ti-ṷa-ni*!).

Kammenhuber, Pal. 74.

ḫa-pi-it-ta-la-an (*-ku-ṷa-ra-an*) A. c. Sg. unb. Bd.: 1 A I 11.

Kammenhuber, Pal. 53f., 74.

ḫa-a-ap-na-aš (*-ta*), entspricht in B und C ÍD-(*an-*)*aš* (*-ta*) „Fluß", vgl. heth. *ḫapa-* gl. Bd. und av. *ap* „Wasser" usw., darunter lat. *amnis* aus **abnis*.

Sg. N. c. *ḫa-a-ap-na-aš*(*-ta*) 3 A I 11, = ÍD-*an-aš*(*-ta*) B III 7, 18, = ÍD-*aš* (*-ta*) C 1, 10.

ḫa-ap-ša-aš-ša-aš 1 A IV 12 (= C 6, *ḫa-a*[*p-*).

×(-)*ḫaras* „Adler" (?), vgl. heth. *ḫaraš*, Gen. *ḫaranaš*. Davor MUŠEN?

Sg. N. c. *ḫa-ra-a-aš* (*-ku-ṷa-ar-zi*) 1 A I 10;
G. *ḫa*?-]*a-ra-na-as* 1 B 7.

Kammenhuber, Pal. 50, 74.

ḫa-a-ri s. *ḫā-* „heiß, warm sein".

ḫa-a-ri-ša-at N.-A. n. Sg. „Fleisch- oder Körperteil“: 2 A Rs. 13.
Kammenhuber, OLZ 1955 Sp. 364f.; Pal. 28f.

ḫark- pal.? vgl. heth. *ḫar(k)-* „haben; halten“ bzw. *ḫark-* „verlorengehen; umkommen“:

Imper. Pl. 3.]*ḫar-kán-du* 8, 10.

Kammenhuber, Pal. 63.

ḫar-ki-i-na-ša-a-pa (-)*i-i̯a-ti* mit unsicherer Worttrennung. Wahrscheinlich ist eine Trennung *ḫarkīnašā- pa* (Satzpart.) und *i̯i̯ati* (Verbum), wobei *ḫarkīnašā* N.-A. n. Pl. auf *-ša* sein kann (vgl. die Substantiva auf *-ša*/*-za* im Pal. und Luw.). Für andere Möglichkeiten s. Lit.

1 A IV 10 (= C 4 *-n*]*a-* usw.).

Bossert, HKS 86; Kammenhuber, Pal. 61, 74; Carruba, Satzpartikeln 33f.

ḫaš- „sich satt trinken“, vgl. heth. *ḫaššik-* gl. Bd.

Präs. Pl. 3. *ḫa-ša-*(*a-*)*an-ti* 1 A I 7, 9, 18.

Otten, AfO XV 81f.; Bossert, HKS 88f.; Kammenhuber, Pal. 46ff.

ᴰ*Ḫašamili-* Name an 5. Stelle der pal. Götterreihe; chatt. Ursprungs:

Sg. N. c. ᴰ*Ḫa-ša-mi-li-iš* 2 B_2 18; 2 A Rs. 15;

D. ᴰ*Ḫa-ša-mi-li* 2 A Rs. 15;

? ᴰ*Ḫ*]*a-ša-am-m*[*i-li-* 3 C 18.

Laroche, Recherches, 23; Bossert, HKS 71ff.; Kammenhuber, Pal. 32, 75.

ḫašā(*u*)*u̯anza* Attribut der Gottheit Kamama, vgl. heth. ˢᴬᴸ*ḫāšau̯a-* „die ‚Alte‘; die Magierin“; und heth. *ḫaš-* „öffnen; gebären“:

Sg. N. c. *ḫa-ša-*(*a-*)(*u-*)*u̯a-an-za* 2 B_2 19; 2 A Rs. 16; 10, 6;

D. *ḫa-ša-a-u-an-za*(?) 2 A Rs. 16.

Otten, ZA NF XIV 128; Kammenhuber, Pal. 32, 77; Götze, Kleinasien[2] 48 sieht in der Endung *-anza* einen Genetiv.

ḫa-ši-i-ra-am(*-pi*) „Dolch“, wegen der ideographischen Entsprechung der Duplikate GÍR-*an*(*-pat*); Lehnwort?

Sg. N.-A. n. 3 A I 12 (= B III 7, 19 GÍR-*an*(*-pat*)).

(-)*ḫa-tar*[- 4, 2: vgl. luw. *ḫatarni̯i̯a-* „?“ Laroche, DLL 44.

ᵁᴿᵁ*Ḫa-at-tu-ša* (*-ma*) 4, 7: wohl Lok. Sg.

ᴰ*Ḫilanzipaš* Name der an 8. Stelle der pal. Götterreihe stehenden Gottheit, mit der herkömmlichen Bedeutung „Genius (*-zipa*) des Hofes (*ḫila-*)“, demnach vielleicht keine spezifisch pal. Gottheit.

Sg. N. c. ᴰ*Ḫi-la-an-z*[*i-p*]*a-aš* 2 A Rs. 17;

Dat. ᴰ*Ḫi-la-an-zi-pí* 2 A Rs. 17.

Laroche, Recherches 67f.; RHA XV (1957) 15ff. (*ḫila-*); Kammenhuber, Pal. 32, 53, 75.

ḫi-na-pí-eš-hu-ur mit unklarer Worttrennung: *ḫinapí* (-)*ešḫur* evtl. *ḫin-*(*a*)*pí* (-)*ešḫur* und s. *ḫinmu-* ? -(*am*)*pi* bzw. *-pi* und *ešḫur*. 5 A II 21 (= B 3).

ḫi-in-mu-du mit unklarer Worttrennung: *ḫinmu-* und *-du* „ihm", evtl. *ḫin-mu-du*, wobei vor allem *-mu* unklar bleibt. 2 B_2 14.

Abweichend Kammenhuber, Pal. 23; OLZ 1955, 367f.

ḫi-i[*š-* 4, 11.

-]×-*ḫi-eš* 3 B IV 4.

ḫu-e-ri Verbalform: Stamm *ḫue-* oder *ḫuer-* unsicher.

Präs. Sg. 3. *ḫu-e-ri* 3 A I 16, = B III 11;
ḫu-e-ri (-?)-×-×-×[1 B 10.

(-)]*ḫu-i-la-a-ti* Präs. Sg. 3.: 2 C Rs. 9.

Kammenhuber, Pal. 75.

[*ḫu-i*]-*tu-mar-ša* „Leben; Lebewesen (?)" 4, 13.
Pl. N.-A. n. (wie) Luw. (vgl. Kasus auf *-ša*, DLL § 28 S. 138; m.E. jedoch Plural).

(-)*ḫu-u-i̯*[*a-š*]*a-an-ta* mit unsicherer Anfangstrennung und Lesung (nach Kammenhuber, Pal. 64 u. 75: *ḫu-u*[*l-t*]*a*?-*an-ta*). Sichere Verbalform: Prät. Pl. 3.: 8 III 5.

ḫu-ul-ta-ḫa (-)×[8 III 6 unsicher, ob vollständig und dann Prät. Sg. 1.

ḫu-u-ul-ta[- 3 A II 14: vgl. oben und Anm. zu 8 III 5.

ḫu-uš-ši-i-in-ta „darbringen (als Gießopfer); anbieten"; evtl. „gießen" o. dgl.: 2 A Rs. 22 Prät. Pl. 3.

Zu idg. **gheu-* „Gießopfer darbringen"?

Kammenhuber, Pal. 37.

ḫu-u̯a-an-ḫu-u̯a-ni-kat „Fleisch- oder Körperteilbezeichnung", N.-A. n. Sg.: 2 A Rs. 12.

Kammenhuber, Pal. 28ff., 75.

ḫ]*u-u̯a-ar-na-aš* (-)×[4, 24.

ḫu-u̯a-ar-ni-na-i „besprengen" (?), Präs. Sg. 3. der *ḫi*-Konjugation? 2 A Vs. 10.

Kammenhuber, Pal. 21 mit Lit.

ḫu-u̯a-aš-š[*a-a*]*n-ni-kat* „Fleisch- oder Körperteilbezeichnung", N.-A. n. Sg.: 2 A Rs. 12.

Kammenhuber, Pal. 28ff., 76.

-i̯a s. *-a*, enkl. Konj. „und".

]×-*i̯a-an* 7 Rs.? 11.

-]*i̯a-an-za* N. c. Sg. eines Partizips: 2 A Vs. 7.
Kammenhuber, Pal. 25.

-*i̯*]*a-an-za* N. c. Sg. oder Kasus auf -*ša*: 2 A Rs. 4.

i-i̯a-an-na-a-i = heth. *i̯annai* „gehen; marschieren"? oder „hethitisierte" Form (Kammenhuber): Präs. Sg. 3., 5 A III 20.
Kammenhuber, Pal. 68 Anm. g, 76.

(-)*i-i̯a-ti* Worttrennung vom vorhergehenden *ḫar-ki-i-na-ša-a-pa*, q.v., schwierig; jedoch sicher Verbalform: Präs. Sg. 3. 1 A IV 10 (= C 4).
Bossert, HKS 86; Kammenhuber, Pal. 61 mit Lit.; Carruba, Satzpartikeln, 33f.

-]*i-ki-it-ta*[(-) 5 A Rs. III 24.

D*Ilalii̯ant*(*ik*)*eš* Bezeichnung für eine Gruppe „pal." Gottheiten, die an der 4. Stelle der pal. Götterreihe genannt werden; wohl aus heth. *ilalii̯a*- „begehren" stammend:

Pl. N. c. D*I-la-li-an-ti-ke-eš* 2 A Rs. 15; B_2 16 (D*I-la-li-i̯a-a*[*n*-);
D*I-l*]*a-li-i̯a-an-te-eš* 3 C 13; 8 (D*I-la-l*]*i*-);
D. D*I-la-li-an-ti-g*[*a-aš*] 2 A Rs. 14;
D*I-la-li-i̯a-an-ta-aš* 3 C 7;
?]*i-la-a-li-i̯a*-×[3 C 17.

Laroche, Recherches 71, 74; Kammenhuber, Pal. 9f., 32f., 76; Otten, ZA NF XIV 128; XX 149f. (zur Wortbildung).

D*Ilalii̯anteš* s. oben.

i-la-aš unb. Bd.; Gen. Sg. oder Dat. Pl. eines Stammes **ila*- (nach Kammenhuber, vgl. heth. *ila*- „(Rang)stufe; Machtfülle"). Verbindung mit dem Namen *ilalii̯ant*- wahrscheinlich: 3 C 8.
Kammenhuber, Pal. 61.

i-li-na-a-i-i̯a 1 A IV 4, 5, 6, 7, 8 (= C 1); unb. Bd., chatt. Herkunft.
Kammenhuber, Pal. 60, 76.

(*i*-)*in-na-aš-ša-aš*(-*ku*) 1 A IV 14, 16 (= C 8, 10: -*š*]*a-aš-ku*); unb. Bd. und Form, Abtrennung von -*ku* wahrscheinlich. Vgl. *kuinnašša*×[ebd. 14.
Kammenhuber, Pal. 58, 60.

]×-*iš* 2 A Rs. 5; D 2f. (-*i*]*š*); 3 B IV 2 (-]*iš*).

iš-ḫa-ra-an-ti Verbum, unb. Bd.; Präs. Pl. 3.: 5 B 5 (= A II 23 [*i*]*š*-).
Kammenhuber, Pal. 62, 74.

iš-ka Imper. Sg. 2., unb. Bd.: 2 A Vs. 22.
Kammenhuber, Pal. 22.

-]*it*[(-) 5 A III 21.

×-*it*[- 12, 9.

-]×-*i-it-ku* 2 A Vs. 5; vielleicht *lu-k*]*i-i-it-ku*, q.v.

it-ti-na-an-ta mit unsicherer Worttrennung: *ittin-anta* oder *ittinan-ta*, d.h. A.c. Sg. und Satzpartikel -(*a*)*nta*/-*ta*: 2 A Rs. 8.

Kammenhuber, Pal. 26, 77.

i-it-na[- 1 A I 3, 4 (*i-it-na-a*[).

-]*i*(-)*tu-ú*[(-) mit unsicherer Worttrennung; s. auch *tu-ú*: 4, 18.

i-ú Imper. Sg. 2. „komm her"; vgl. heth. *eḫu*, luw. *au̯a*, gl. Bd.; aus *u-* „her" und **ei-* „kommen; gehen": 1 A I 17, = B 5; B 5 (Anfang) lies auch]*i̤-ú* (-*ku-u̯a-ra-du*)?

Kammenhuber, OLZ 1955, Sp. 359ff.; Pal. 46; Carruba, Satzpartikeln 70.

i-ú-i-ni 5 A III 11.

ka- „dieser", Demonstrativpronomen: heth. *kā-*, luw. *za-*, h.h. *ī-*.

Sg. N.-A. n. *ka-a-at*(-)*ku-u̯a-a-at*) 1 A I 8 (oder Pl.?);

A. c. *ga*?-*a-n*(*i-du-ut-ta*) 2 A Rs. 9.

Kammenhuber, OLZ 1955, Sp. 366, 376; Pal. 50f. Siehe noch *kiat*.

D*Kamama-* Gottheit chattischer Herkunft, die den 6. Platz in der „pal." Götterreihe einnimmt; immer mit dem vorangehenden Attribut oder Beinamen *ḫašau̯anza*, q.v.:

Sg. N.c. D*Ka-ma-ma*[-*aš* 2 A Rs. 16 (wohl auch 2 B_2 19; 10, 6 zu ergänzen);

D. D*Ka-a-ma-mi* 2 A Rs. 16.

Laroche, Recherches 27; Kammenhuber, Pal. 32, 77.

kar-na-an[(-) 5 B 9.

karš- pal.? vgl. heth. *karš*(*i̯a*)- „abschneiden; trennen usw."; luw. *karš-* evtl. gl. Bd.

Imper. Pl. 3. (-)]*kar-ša-an-du* 8 II 8.

Kammenhuber, Pal. 63, 77.

kart- „Herz"; vgl. heth. *kēr*, *kārt-*, gl. Bd.

Sg. D.-L. *ka-a-ar-ti* 2 A Vs. 15, 20.

Laroche, RHA XIII (1955) 74f.; Kammenhuber, Pal. 19, 77; OLZ 1955 Sp. 367.

kar-ti-na-an-ta mit unsicherer Worttrennung: *kartin-anta* oder *kartinan-ta*, d.h. A. c. Sg. und Satzpartikel -(*a*)*nta*/ -*ta*: 2 A Rs. 8.

Kammenhuber, Pal. 26.

ga-ša-a-ri unb. Bd., Verbalform: der *ḫi*-Konj.? dann Präs. Sg. 3. 6 Vs. 5.

ka-aš-ti (-) 3 A II 3, s. folgendes.

ga-aš-ti (-)*i*[*š*-? 6 Vs. 1 (falls *gašti* allein zu lesen, dann evtl. Verbalform: Präs. Sg. 3.; vgl. oben *gašāri*?).

qa-aš-šu-ú-ta-at Bezeichnung für Fleisch- oder Körperteil, N.-A. n. Sg.: 2 A Rs. 12.

Kammenhuber, Pal. 28, 77; OLZ 1955 Sp. 364f. Anm. 2.

kat- 3 A IV 3, heth.?

^{D}*Kataḫzip/wuriš* Bezeichnung für zweithöchste pal. Gottheit, eine aus dem chattischen Pantheon stammende Göttin; von den Hethitern und Luwiern mit ^{D}*Kamrušepa* gleichgesetzt. Im Namen stecken chatt. *kattaḫ* „Königin" und *u̯u*$_u$*r* „Land", die genauen Verhältnisse der Komposition sind jedoch unklar (vgl. dagegen ^{D}*U̯u*$_u$*-ru-un-kat-te* „Landeskönig" mit Gen.-Suffix im vorderen Glied).

Sg. N. c. ^{D}*Ka-taḫ-zi-pu-ri-iš* 2 A Rs. 14; Vs. 16 (-*r*[*i-iš*]); 2 B_2 2 (^{D}*K*[*a*-);
D. ^{D}*Ka-taḫ-zi-u̯u*$_u$*-ri* 2 A Rs. 13;
? ^{D}*Ka-ta*]*ḫ-zi-pu-u-ri*[-? 3 A I 22.

Im heth. Kontext: D. nach Zusammenhang [^{D}*Ka-taḫ-z*]*i-pu-ri* 2 A Rs. 26.

Laroche, Recherches 28, 37f.; Kammenhuber, Pal. 21, 77f.; HbOr passim.

ki-i[- 1 A I 2; vgl. *ki-i-at* und *ki-i-ta-ar*.

ki-i-at „hier", zum Demonstrativstamm *kā*-, q.v.; vgl. heth. *kēt* „hier(her) diesseits": 2 A Vs. 10, 17, 24 (*k*[*i-i-a*]*t*); B_2 3, 10.

Kammenhuber, Pal. 18, 78.

ki-in-na[-? 2 C Rs. 7.

gi-nu-kat Fleisch- oder Körperteilbezeichnung; vgl. etwa heth. *genu* „Knie; Schoß"? N.-A. n. Sg. 2 A Rs. 13; 8 II 4.

Kammenhuber, Pal. 28f., 31, 78.

GÍR-*an*(-*pát*) 3 B III 7, 19 entspricht in A I 12 *ḫa-ši-i-ra-am*(-*pí*), q.v.

ki-iš-ta-a-am-mu mit unsicherer Worttrennung und Deutung: *kištān-mu*, d.h. Part. N.-A. n. Sg. aus *kišt*- „erloschen", wie im Heth., + Dat. des enkl. Personalpron. der 1. Pers.; oder Imper. Pl. 2. auf -*tan* aus *kiš*- „werden" (vgl. 7 Vs. 4 heth. *kīša*): 7 Vs. 8, 9 (-*t*]*a-a-am-mu*) und wohl 10.

Kammenhuber, Pal. 29, 78.

ki-i-ta-ar „liegen", Med. Präs. Sg. 3.; gleich heth. *kitta*(*ri*): 2 A Vs. 12, 13, 14, 17, 18, 19, 24 (-*tar*).

Siehe auch *ki-tar-zi*.

Kammenhuber, OLZ 1955 Sp. 367; Pal. 18; Gramm. 37.

ki-tar-zi unklar, ob als *kitar*, q.v., Verbalform + *-zi* = *-ši*, Partikel oder Pron. der 3. Pers. zu verstehen: 7 Rs. 12.

Kammenhuber, OLZ 1955 Sp. 372 Anm. 2; Pal. 79.

]×*-ki-ti* 2 C Rs. 2.

-ku „und" enkl. satzeinleitende Konjunktion; vgl. heth. *-(a)ku*; *-kku* (z.B. in *immakku* u.a.); luw. *-kuu̯a*; lyd. *-k*:

1. nach *nu-*: 2 A Vs. 16; B_2 2, 7, 16, 18, 19, 23; A Rs. 11; 3 A II 4; 4, 17 (*nu-*]*ú-ku*);
   nu-uk-ku 10, 6, 10 (vgl. KUB XXXV 5 II 2);
2. nach anderen Konj. bzw. Wörter: 1 A I 15 (*a-ku-an*); IV 14, 16; C 8, 10; 2 A Vs. 5 (*lu-k*]*i-i-it-ku*); *innaššaš-ku* 1 A IV 14, 16 (= C 8).
3. als Stütze für Partikeln und Pronomina: 1 A I 15 (*a-ku-an*); 2 A Rs. 10 (*-ku-an-ta* oder *-ku-(a)nta*);
   -ku-u̯ar 1 A I 8, 16; 2 A Vs. 21, 22; Rs. 24;
   -ku-u̯ar-an 1 A I 11, 12, 13, 19;
   -ku-u̯ar-(a-)du 1 B 5;
   -ku-u̯ar-zi 1 A I 1, 10;
4. unsicher:]×*-na-ku-pa-an-ta* 1 A I 5;
   -ku-(u̯)-at, oder *-kuu̯at*, q.v. 1 A I 8, 15; B 3.

Kammenhuber, Pal. 12; Meriggi, RHA XXI, 7; Carruba, Satzpartikeln S. 69ff.

kui- Relativ- (und Frage)pronomen, vgl. heth. *kuiš*, luw. *kuiš* usw.

Sg. N. c. *kuiš* 2 A Vs. 25; Rs. 9, 10;
kuiš-a 2 A Vs. 15; B_2 1, 6, 13 (evtl. auch als Indefinitum auffaßbar, s. sofort);
kuiša 3 A I 16; B III 11 („jeder", vgl. heth. *kuišša*);
kuiš kuiš 2 B_2 14 (verallgemeinerndes Relativum, vgl. heth. *kuiš* (*imma*) *kuiš*, h.h. *QU-s QU-s*);

N.-A. n. *ku-it-* 1 A I 16; = B 4; 1 A I 8 (oder Konjunktion „weil", s. unten);

A. c. *ku-in* (*-na-ti-pí-i̯a-an*?) 1 A IV 12, 18 (= C 6, 12); *ku-in-na-aš-ša-aš-ša*[*-an*? IV 14 (vgl. aber, ebd., *in-na-aš-ša-aš-ku*);

D.? *ku-i* 2 B_2 17 (*natipi kui Taba*[*rna*: unsicher, ob *kui*(*t*) *Tabarna* oder aber *kue*; vgl. übrigens luw. N.-A. n. *kui*).

Kammenhuber, OLZ 1955 Sp. 366ff., 376f.; Pal. 20f., 51f., 79; Gramm. 36; Otten, ZA NF XIV 133; Bossert, HKS 88.

ku-in-na-aš-ša-aš-ša[- 1 A IV 14; = C 8, s. hier *kui-*?, vgl. *innaššašku*.

Kammenhuber, Pal. 61.

ku-in-na-ti-pí-i̯a-an 1 A IV 12, 18 (= C 6, 12: lückenhaft); unsicher ob *kuin natipii̯an* oder *kui* (*n*)*natipi-*(*i̯*)*an* zu trennen, s. oben *kui-*.

Kammenhuber, Pal. 61, 79.

kuiša s. *kui-*, auch Indefinitum.

kuiš kuiš s. *kui-*, verallgemeinerndes Relativum.

ku-it „weil“, interrogative Konjunktion, s. *kui-*.

ku-li-u̯a-li-iš unb. Bd., vielleicht Beiname der Kataḫzipuri, N. Sg. c.: 2 A Vs. 16.
Kammenhuber, Pal. 21.

^{D}*Gulzannikeš* Bezeichnung für eine Gruppe von „pal.“ Gottheiten, die an der 9. Stelle der pal. Götterreihe genannt werden. Es besteht Zusammenhang mit dem „anatolischen“ Stamm *gulš-* „markieren; schreiben“ und vor allem mit der Weiterbildung *gulzatar* „Aufzeichnung“ oder „Holztafel (zum Schreiben)“ über **gulzatn-ika-* (mit *-tn-* zu *-nn-*) „die (Göttinnen) der Aufzeichnung“ o. dgl. Vgl. auch im Heth. die ^{D}*Gulšeš*.

Pl. N. c. ^{D}*Gul-za-an-ni-ke-eš* 2 A Rs. 18; 2 D 4(??);
D. ^{D}*Gul-za-an-ni-ga-aš* 2 A Rs. 18.

Laroche, Recherches 71; Otten, ZA NF XIV 121; Kammenhuber, OLZ 1955 Sp. 369f.; Pal. 33, 79.

ku-t[a oder *-g[a-* 4, 22.

(-)]*ku-ti-pa-an-ta* 1 A I 3, 4; *-kuti* Endung 3. Sg. Präs. und Partikeln *-pa-*, *nta*.

ku-u̯a-a-i-ša-at-ta der Parallelismus mit den folgenden Sätzen zwingt zur Trennung *ku-u̯a-a-iš* Pl. N. c. unb. Bd.; *-a-* „und“; *-tta* Satzpartikel, q. v.: 2 A Rs. 6.

Kammenhuber, OLZ 1955 Sp. 377; Pal. 26, 51, 80; Carruba, Satzpartikeln, S. 25f.

ku-u̯a-a-it Pronominaladverb unb. Bd.: 5 A III 17; 1 B 8 (*-ku-u̯a-it*?).
Kammenhuber, Pal. 51, 80.

ku-u̯a-li-ma unb. Bd., Lok. Sg.: 2 A Rs. 7.
Kammenhuber, Pal. 25.

ku-u̯a-ni-iš unb. Bd., Pl. N. c.: 2 A Vs. 16; Rs. 6.
Kammenhuber, Pal. 21, 25ff.

-ku-(u̯a-)ar wohl in *-k(u)* und *-u̯ar*, Partikel der zitierten Rede, aufzulösen, s. *-ku* und *-uar*. Anders Kammenhuber, s. unten.

Kammenhuber, OLZ 1955 Sp. 366f.; Pal. 50ff.

ku-u̯a-ar[- 12, 6 Verbalform? Vgl. luw. *ku\u032fu̯ar-*, heth. *kuer-* „schneiden“.

-ku-u̯a-(a-)at unklar, ob als *-ku-* und *-(u̯)- at*, N.-A. n. Sg. des enkl. Pron., oder aber als einheitliche Partikel aufzufassen, dann unsicherer Funktion, evtl. verallgemeinernd oder verstärkend; vgl. lyd. *-kod* in *na-ku(d)-kod* „wo(hin) auch immer“ und *ed-ko(d)-k* „ein jedes; ogni cosa“ o. dgl. 1 A I 8 ((*ka-a-at-*)*ku-u̯a-a-at*); 15 ((*ni-it-*)*ku-u̯a-at*) (= B 3).

Kammenhuber, OLZ 1955 Sp. 366ff.; Pal. 50ff., 79f.

(-)*ku-u̯a-u̯a-a-al-la-aš-ma-aš* 7 Rs. 7, 8: vielleicht in *ku-u̯a-u̯a-a-al-la* (*-aš*) und *-aš-ma-aš*, enkl. Pron. der 2. Pers. Pl. zu trennen.

la-a-la-an (*-ta*) Sg. A. c. unb. Bd. (vgl. heth. *lala-* „Zunge"?): 2 A Rs. 9.
Kammenhuber, Pal. 26f.

]×*-la-li-in-š*[*a* 5 A III 4.

]×*-la-an-da* vielleicht Prät. Pl. 3.: 5 A II 24.

la-u̯a$_a$-a-at-ta-an-na unb. Bd., chattischer Herkunft: 1 A IV 2, 3.
Kammenhuber, Pal. 58, 80.

-]×*-li* 2 C Rs. 6; 6 Vs. 5.

-]*li*-×*-ma-an* 2 A Vs. 28.

]*-li-en* 2 C Rs. 8.

-]×*-li-e-u̯a*-×[3 A I 23.

URU*Li-iḫ-zi-i-na* Name einer vor allem im anatol. Mythos bekannten Stadt, chatt. *La-aḫ-za-an*, heth. auch *Li-iḫ-ši-ni*; Lok. Sg.: 1 A I 14 (=B 2); wohl auch 1 A I 2.
Kammenhuber, Pal. 55, 80.

-]×*-li-ši* 5 A III 15.

LUGAL*-i* „König", pal. Lesung unbekannt (heth. *ḫaššu-*), Sg. Dat.: 2 A Vs. 21.
Kammenhuber, Pal. 21, 80.

luki- „teilen" o.ä.

Prät. Sg. 3. *lu-ki-i-it* 2 A Vs. 2, 3, 4, 5 (*lu-k*]*i-i-it-*); C Vs. 8, 9; 5 A II 21 (*lu-u-ki-it*); =B 3 (*lu-ki-it*);
Pl. 3. [*lu*]*-ki-in-lu-ki-in-ta* 2 A Vs. 2;
lu-ki lu-ki-in-ta 2 B_1 3;
[*l*]*u-ki-i-lu-ki-i̯-en-ta* 2 C Vs. 8.

Kammenhuber, Pal. 13f., 80f. „anzünden".

luki irrtümlich getrennt geschriebenes Reduplikationsglied in 2 B_1 3, s. hier oben.

-ma „aber", Bedeutung unsicher, als Partikel mit konj. Funktion jedoch gesichert: 2 B_2 24; 3 A II 11 (? *u̯a-a-šu-ma-aš* aus *-šu-u̯a-aš*?); 4, 7.
Kammenhuber, Pal. 24.

ma-a-aḫ-la-an-za Pl. A. c. nach „luw." Art, oder N.-A. n. auf *-ša*; 1 A I 6.
Kammenhuber, Pal. 46; Meriggi, RHA XXI (1963) 6f.

LÚ*ma-i̯a-an-za* „erwachsener Mann; der Alte", vgl. heth. LÚ*mai̯anza* gl. Bd.: 1 A IV 10; C 3.
Kammenhuber, OLZ 1955 Sp. 359ff.; Pal. 60f., 81.

ma-i-ú unb. Bd. und Form im gesangartigen Teil des Mythos; vielleicht chatt. Herkunft: 1 A IV 9, 11, 13, 15, 17 (=C 2, 7, 9, 11).

Kammenhuber, Pal. 60, 81.

ma-li-ta-an-na-aš „honighaltig" o. dgl.; Ableitung aus einem **malit*, vgl. heth. *melit*, luw. *malli(t)-*, wobei das Suffix noch unklar ist: Dat.-Lok. Pl. 2 A Vs. 14, 19; B_2 12 (*ma-l[i-* usw.); D 7 (*ma]-li-ta-an-[na-aš*).

Kammenhuber, Pal. 19; Laroche, RHA XIII (1955) 75.

ma-a-an(-) „wenn", subordinierende Konjunktion, vgl. luw., h.h. *mān*, heth. *mān* (altheth. jedoch „als"): 2 A Vs. 7 (*ma-a-an-ti* 2 ×); Rs. 23 (*ma-a-na-aš*).

Kammenhuber, OLZ 1955 Sp. 359ff.; Pal. 16, 81.

m[a-a]n?-pa-ši 2 A Vs. 25, evtl. *m[a-a]š-pa-ši* zu lesen, s. *maš-*, konj. Partikel.

ma-an-za-ki-il-ba-aš 1 A IV 3, unb. Bd. und Form; chatt. Herkunft? vielleicht Pflanzenname, falls folgendes *uli* „Grün" (etwa: „das Grüne der *m.*").

Kammenhuber, Pal. 58.

maran Part. Sg. N.-A. n.: 5 A III 19 (*-ra-a-an*); 11, 8 (*ma-a-ra-an*); Grundstamm *mara-* „?", s. folgendes.

ma-a-ra-na-an Part. Sg. N.-A. n.: Grundstamm *mara-* (s. oben) und Fortbildungselement *-na-*, unb. Bd.; beide Male nach *u̯a-a-šu*: 2 A Vs. 26; 11, 7.

Kammenhuber, Pal. 23f.

ma-a-ra-na-at s. oben? 1 B 9.

ma-a-ra-aš(-)nu-×[5 A III 16.

ma-a-ar-ḫa-aš Pl. N. c., „die Götter": 1 A I 17 (=B 5; A I 6 (*ma-a-*[)).

Kammenhuber, OLZ 1955 Sp. 355ff., 359ff.; Pal. 16, 18, 49, 81.

m]a-a-ar-ḫa-an Sg. A. c. zu *marḫa-* „Gott", oder Part. Sg. N.-A. n. zu *marḫ(-ii̯a)* „brechen" 4, 23; 2 C Rs. 4 (*-a]r-ḫa-an*)?

marḫant- „?" entweder zum Vorhergehenden (Kammenhuber) oder zum Stamm **marḫ-*, s. *marḫinanta*; Part. (?)

Sg. N. c. 2 A Vs. 7 (*mar-ḫa-a-an-za*); Rs. 23 (*mar-ḫa-an-za*).

Kammenhuber, Pal. 16, 81.

mar-ḫi-i-na-an-ta Prät. Pl. 3. eines **marḫina-*, und dieses aus **marḫ-* und *-na*, unb. Bd.: 2 A Rs. 23.

Kammenhuber, Pal. 37f., 81.

marḫ(ii̯a)- „brechen; teilen" (??); vgl. heth. *mark-* „(ein Opfertier) zerlegen" und *marrii̯a-* „zerstückeln; schmelzen (Med.)" (also *mark-* > *marḫ(ii̯a)-* > *marrii̯a-*?).

Prät. Sg. 3. (-)]*mar-ḫi-it* KUB XXXV 5 II 3;

Imper. Sg. 2. *ma-a-ar-ḫi-i̯a* 9 Vs. 5.

ma-ri-eš-š[a-t]i Präs. Sg. 3. „er zerstückelt (?)“: 2 B_2 15, vgl. unten *marišši*.
Kammenhuber, OLZ 1955 Sp. 367f.; Pal. 23f. (Lesung: *ma-ri-eš-×-ši*?!).

ma-ri-iš-ši Präs. Sg. 3. (*ḫi*-Konjugation) „er zerstückelt (?)“: 2 A Rs. 9.
Kammenhuber, OLZ 1955 Sp. 367f.; Pal. 24, 35f., 81; Carruba, Satzpartikeln S. 25, 90.

ma-a-ar-za Pl. N.-A. n. auf *-ša*, Bezeichnung für etwas Eßbares (Pflanze?) 1 A I 6.
Kammenhuber, Pal. 46; Meriggi, RHA XXI (1963) 6.

maš- „dann; so“ o. dgl., konjunktionelle Partikel, leitet den Nachsatz in einem Bedingungssatz ein; vgl. lyk. *me* (Thomsens *me*²): *ma-aš(-pa-ši)* 2 B_2 15; 2 A Rs. 9; Vs. 25 (?); *ma-aš(-ta)* 2 A Rs. 10.
Kammenhuber, OLZ 1955 Sp. 368, 377; Pal. 24, 82; Carruba, Satzpartikeln S. 89f.

me-[3 A IV 4: heth.?

me-m[a- 3 C 19: wohl heth.

-mi- „mein“ enkl. Possessivpronomen, palaisch?; vgl. heth. *-mi*: Sg. Vok. ᴰ*Taru-papa-mi* KBo XII 135 Rs. VII 9.

mi-i̯a-li-ik-še-eš Pl. N. c., unb. Bd.: 5 A III 18.
Kammenhuber, Pal. 67, 82.

mi-iš-ga-ša-aš Pl. N. c. (?), unb. Bd.: 3 A I 16.

]×*-mi-i-ta-aš* 5 A III 22.

-mu „mir, mich“ enkl. Personalpron., vgl. heth. *-mu*: gesichert durch *-mi*, q.v. 2 B_2 22 (*a-ra-an-ta-mu-ut*?); 7 Vs. 8, 9 (10?) *ki-iš-ta-a-am-mu*; 2 C Rs. 5, 6 (? *-a*]*š-ša-mu-ut*); dabei ist *-ut* unklar (aus *-t(a)*?).
Kammenhuber, Pal. 17, 29, 30, 82.

muš- „sich satt essen“; nach der *ḫi*-Konj.?
Präs. Sg. 3. *mu-ú-ši* 2 A Vs. 25; Rs. 9 (evtl. 2. Sg. Imperativ);
Pl. 3. *mu-ša-a-an-ti* 1 A I 7, 9, 18 (*-ša-an-ti*; = B 6 *-ša-a-an-ti*).
Kammenhuber, OLZ 1955 Sp. 355f., 375f.; Pal. 23, 35.

na-aḫ-ḫi-ir Verbalform? 7 Rs. 13.
Kammenhuber, Pal. 25.

-]×*-na-ku-pa-an-ta*, evtl. *-š/t[a-na-* zu lesen; vielleicht sind dabei *-ku-*, *-pa-* und *-(a)nta* Konj. bzw. Partikeln: 1 A I 5.

na-an s. *nu* und *-a-*, enkl. Pron. 3. Pers.: 1 B I 3 (?), 4.

-]*na-an-na-aš* s. ˢᴬᴸ*Tau̯anannaš*: 5 A III 3.

na-a-ap-iš vielleicht in *nu* und *apiš*, N. c. Pl. des Demonstrativums *apa-*, q.v. 5 A II 22.

-]*na-aš* s. SAL*Tauanannaš*: 5 A III 16.

na-di-pa-an-ta unb. Bd. und Form; s. folgendes: 6 Vs. 6.

na-di-pa-an-ta-ua-al-li unb. Bd. und Form; s. oben: 6 Vs. 4.

na-ti-pí unb. Bd. und Form; vielleicht in *nati-pi*, Partikel, s. -*(am)pi-*, zu trennen:

na-ti-pí 2 B_2 17; [*n*]*a-di-pí* 4, 22;
(*ku-in-*) *na-ti-pí(-ia-an)* 1 A IV 12, 18(??).

Kammenhuber, Pal. 62, 82.

ne s. *nu* und -*a-* enkl. Pron. 3. Pers.: 2 A Rs. 13 (heth. Form im pal. Kontext möglich).

ni[(-)? 2 B_2 22; 5 B 10, 11.

-]×-*ni* 6 Vs. 2.

ni „nicht", Negation; es scheint in zwei Formen vorzuliegen:

1. *ni-i* 3 A I 9, 10, 12 (2×); B III 5 (2×), 6, 7 (2×), 17 (2×), 18 (2×), 19; C 9 (2×), 10, 11 (alle in der gleichen Formel);
2. *ni-it*(-) 1 A I 15; =B 3;
3. mit der einen oder der anderen Form können die folgenden Verbindungen zusammengehören, die aus *ni-* oder *ni(t)*, -*pa-*, Partikel und -*a-* enkl. Personalpron., q.v., bestehen:

   ni-ip-pa-an 1 A I 12;
   ni-ip-pa-aš 1 A I 7, 9, 18; B 6;
   ni-ip-pa-ši 1 A I 7, 9; B 6 (auch 2 A Vs. 25? vgl. Anm. m) zum Text);
   hierzu noch: *ni-ip-*[12, 4; *ni-ip-pa-*×[12, 8 (× = -*aš* oder -*an*).

Kammenhuber, OLZ 1955 Sp. 366; Pal. 47.

(-)]*ni-i-iḫ-ḫa-aš* 8 II 7.

-*n*]*i-ki-eš* s. D*Gulzannikeš*, 2 D 4.

nit Negation, s. oben *ni*.

nu „nun" ursprüngliches Zeitadverb, das noch z.T. in dieser Funktion (vor allem in den Götteranrufungen) erkennbar ist und sich, wie im Heth., zur farblosen Konjunktion entwickelt hat:

1. *nu-ú* „nun"
   a) vor dem Vok.: 2 A Vs. 1 = B_1 1 (2×); 2 C 7 (*nu*); A Rs. 19; 3 B III 4, (16);
   b) vor dem Nom., meistens durch -*ku* verstärkt; „und nun": 2 A Vs. 16; B_2 2, 7, 16, 18, 19, 23; A Rs. 11; 3 A II 4 (*nu-ú-ku*); 4, 17 (*nu-*]*ú-ku*); 10, 6, 10 (*nu-uk-ku*); hier auch wohl schon satzeinleitend.

c) sonst: 2 A Vs. 2 (*nu-ú-u̯a-šu*); B_1 3 (*nu-u̯[a-šu)*; C Vs. 8; 1 A I 16; =B 4 (*nu*(-)*ša-a-ú-i-da-a-ar*);

d) *nu*[3 A IV 2, 5 vielleicht heth. Kontext.

2. reine satzeinleitende Partikel; mit enkl. anaphorischem Pron.: *na-an* 1 B 4, (3?); *ne* (**nu-e*) 2 A Rs. 13; *na-a-ap-iš* (**nu-apiš*?) 5 A II 22; unsicher *nu-uš-ši-i̯a-am-pí* (etwa: *nu-šši-*(*i̯*)*am-pi*?) 2 A Vs. 22 (2×).

Kammenhuber, OLZ 1955 Sp. 359f., 366f.; Pal. 12f., 48f., 82f.; Otten, ZA NF XIV 129f.

-]*nu-un-da-aš* 5 A III 10.

nu-uš-ši-i̯a-am-pi unsicher ob Satzeinleitungskonglomerat oder einheitliches Wort; s. auch oben *nu* 2: 2 A Vs. 22 (2×).

-pa (nach Konsonant), *-ppa* (nach Vokal), enkl. satzeinleitende Partikel, immer an erster oder zweiter (nach *-ku*?) Stelle nach dem betonten Wort stehend; vgl. luw., h.h. *-pa* (*pa-*); lyk. *-be*; lyd. *fa-*:

1. *e̯-pa* 2 A Vs. 8; -×*-pa* 2 A Vs. 26; *ḫar-ki-i-na-ša-a-pa*(-) 1 A IV 10 (= C 4);

2. mit enkl. Pron.: *maš-pa-ši* 2 A Rs. 9; B_2 15; [*ma*]-×*-p*[*a-š*]*i* 2 A Vs. 25; *ni-ppa-an* 1 A I 12; *ni-ppa-aš* 1 A I 7, 9, 18 (=B 6); *ni-ppa-ši* 1 A I 7, 9; B 6; *ni-p*[12, 4; *ni-ppa-*×[12, 8;

3. mit refl. Partikel: *Zaparu̯ašan-pa-ti* 2 A Vs. 7;

4. mit Satzpartikeln: -]*kuti-pa-*(*a*)*nta* 1 A I 3, 4; ×*-na-ku-pa-*(*a*)*nta* 1 A I 5.

Kammenhuber, Pal. 20, 46f.; Meriggi RHA XXI, 8; Carruba, Satzpartikeln S. 33f.

pa-×[- 3 A IV 6.

(-)*p*]*al-li-iz-za-a*[(-) 4, 25; vielleicht chatt. Herkunft.

pa-na-a-ga-an-zi unb. Bd. und Form; evtl. Part. auf *-ants* (geschrieben *-zi* statt *-za*, s. *u̯aḫarii̯anzi*). 1 A I 10 und wohl 1.

Kammenhuber, Pal. 52.

-]×*-pa-na-an* 3 A I 4; vgl. *šapanan*?

ba-a-an-nu-kat „Leber", heth. UZUNÍG.GIG im gleichen Text: N.-A. n. Sg. 2 A Rs. 20; 3 A II 1 (*ba*?*-nu-ú*[-).

Kammenhuber, Pal. 29f., 36.

pāpa- „Vater", Lallwort wie in den übrigen anatol. Sprachen, heth. *atta-*, luw., h.h. *tati-*, lyk. *tedi*:

Sg. N. c. *pa-a-pa-az*(-) 2 A Vs. 21;
pa-a-pa-aš 5 A II 2; =B 4;

Vok. (?) *-pa-pa*(*-mi*) KBo XII 135 VII 9.

Kammenhuber, Pal. 22, 84.

pa-ra-i-it „er blies", evtl. „er jagte" o. dgl.; Prät. Sg. 3.: 1 A I 15 (=B 3 *pa-ra-a-it*).

Kammenhuber, Pal. 54.

pa-ri-na-at unb. Bd. und Form, vielleicht Prät. Sg. 3. in Asyndeton mit dem folgenden Verbum; Bildung auf *-na* zu einem Stamm *pari-* „?" ? 2 A Vs. 11.

pariparai- „blasen" (?), vgl. heth. gl. Form und gl. Bd.:

Präs. Sg. 3. *pa-ri-pa-ra-a-i* 5 A III 20 (hethitisierte Form?);

Part. N.-A. n. ? *pa*]*-ri-pa-ra-a-an*? 8 II 2.

Kammenhuber, Pal. 63, 67f., 84.

parkui- „reinigen; säubern", heth. *parkui-* „rein" samt verbalen Ableitungen, *parkuu̯ai-*, *parkueš-*, *parkunu-* usw.; luw. (*pap*)*parkuu̯ai-* „reinigen".

Präs. Sg. 3. *pa-ar-ku-i-ti* 5 A II 22 (=B 4 *pár-ku-i-ti*).

-p]*ár-u̯a$_a$-ši-in* 1 A IV 2, vgl. 1, wohl D/NINDA*t*/*za-p*]*ár-u̯a$_a$-ši-in*, q. v.

pa-aš-ḫu-ul-la-ša-aš Attribut oder Beiwort zu *Tiu̯az*; die Bildung ist am ehesten als Adj. Gen. auf *-ašaš* zu verstehen, da 3 C 4 diese Form anstelle eines erwarteten Dat. erscheint:

Sg. N. c. 2 A Vs. 21 (= B$_2$ 7); 3 C 4 (-]*ul-la-a-ša-aš*).

S. aber auch *u̯a$_a$ašḫullatiu̯aš*.

Laroche, RHA IX (1948/49) 10; Otten, Bestimmung 51 Anm. 148; Kammenhuber, Pal. 84. 89.

-pát erscheint in einem Text als Variante der Partikel *-pí*, q. v., also evtl. *-be* zu lesen? In der Bedeutung ebenfalls unsicher wie *-pí*, 3 B III 7, 19 (= A I 12 und C 11 *-pí*).

patamman unb. Bd., Part. Sg., N.-A. n.: 3 A I 13 (*-da-a-am-*); =B III 8 (*-ta-am-*), 19 (*pa*[-); =C 11 (*pa-a-ta-am-m*[*a-an*), 2 (-]*ta-am-ma*[-).

pa-at-ḫi-na-at unb. Bd. und Form: Prät. Sg. 3. oder N.-A. n. Sg. eines Adj.-Stammes? 2 A Vs. 6.

Kammenhuber, Pal. 15, 30, 84.

-pí Partikel noch unklarer Bedeutung und Funktion (vielleicht gleich heth. *-apa*); eher so, als *-ampi* (q. v.) abzutrennen, da *-am-* überall homoorganische Assimilation der Endung des N.-A. n. bzw. A. c. Sg. *-an-* zu sein scheint; vielleicht ist *-bi-* zu lesen, vgl. *-pát*:

1 A IV 14, 16 (=C 8, 10, überall: *u̯a$_a$tiu̯a-am-pi*);

2 A Vs. 22 (2×: *nuššiu̯a-am-pi*); 23 (*aruna-am-pi*; =B$_2$ 9);

3 A I 12 (*ḫašira-am-pi*; = C 11 (]*-pi*));

unsicher: *nati-pi* 2 B$_2$ 17; 4, 22 (q. v., eher nicht wegen *kuin-natipiu̯an* 1 A IV 12, 18 (=C 6, 12); *ḫin*(*a*)*-pi* (-)*ešḫur* 5 A II 21.

Kammenhuber, Pal. 22, 72.

pi-ik-ku[- 1 B I 7. Siehe evtl. Fortsetzung des Wortes in -*u̯*]*a-an-ta-an-ku-u̯a-r*[*a-an*] 1 A I 19?

piša- „geben" Iter.-Durat. auf *-ša* eines unbelegten Stammes **pi*(*i̯a*)-, vgl. heth. *pai-*/*pi*(*i̯a*)-; Iter. *pišk-*; luw. *pii̯a-*; Iter. *pipišša-*; h.h. *pia-*; Iter. *pipisa*; lyk. *pije-*; Iter. *pibije-*; lyd. *bi-*;

Imper. Sg. 2. *pí-i-ša* 2 A Rs. 13, 14 (2×), 15, 16, 17 (2×), 18 (2×), 24.

Bossert, MIO II (1954) 99; Kammenhuber, Pal. 34f., 84; Gramm. 40.

pulašina- „Brot", s. *u̯u*$_{\acute{a}}$*lašina-*.

pur-ta(*ḫ*)-*ḫi-iš* (*-ta*) „?" Verbalform: Prät. Sg. 2. (oder 3. der *ḫi*-Konjugation) mit Partikel *-ta*: 3 A I 10 (= B III 5 *-ḫi-eš-ta*, 17; = C 9).

puzannikat s. *u̯u*$_{\acute{a}}$(*uz*)*zannikat*.

-]*ra-an-ta* 1 A I 14 (= B 2 (*-r*]*a-*)). Vielleicht *-ku-u̯*]*a-ra-an-ta*.

Kammenhuber, Pal. 56.

-r]*a-aš* 5 A III 17.

]×*-ri* 2 C Rs. 1.

-]×*-ri-i-ki* 9 Vs. 6, Dat. Sg.?

-š]*a* 1 B 8.

ša-li-iq-qa-at unb. Bd. und Form, vielleicht Prät. Sg. 3. in Asyndeton mit dem vorhergehenden *parinat*, q.v. 2 A Vs. 11.

Kammenhuber, Pal. 21, 85.

ša-li-iz-zi unb. Bd. und Form, 7 Rs. 11.

Kammenhuber, Pal. 21, 85.

šameriš unb. Bd., oder = heth. UDU.NITÁ (Otten)? Attribut oder Beiwort des *Zaparu̯a*$_{a}$- nach 3 B III 4 (in A I 9 fehlt der Gottesname); vielleicht idg. und dann N. Sg. in vokativischer Funktion: 3 A I 9 (*-me-i-*); (= B III 4).

Otten, AfO XXII (1968) 111f.

ša-am-lu(*-ú*)*-u̯a-aš* Attribut oder Adj. zur Qualifizierung einer Brotsorte; vgl. heth. [NINDA]*šimallu* u. „luw." Acc. Pl. c. (?) *šamluu̯anza* KBo III 46 Vs. 12 (= 2 BoTU 17 A III 12): Pl. Dat. 2 A Vs. 13, 18; = B_2 11 (*ša-a*[*m-*); = D 6 (*š*]*a-am-lu-u̯*[*a-aš*).

Laroche, RHA XIII (1955) 75; Kammenhuber, Pal. 19, 85.

ša-a-mu-u-ri-kat unb. Bd., N.-A. n. Sg. (in vokat. Funktion?): 3 A I 3 (2×). An *šameriš* anklingend.

ša-pa-a-ma-an „Reinigung(??)“, N.-A. n. Sg. eines Substantivs auf *-man* oder evtl. eines Partizips auf *-(m)man*? Stamm *šapa-* „säubern“? s. unten *šapanān*.

Sg. N.-A. n. *ša-pa-a-ma-an* 2 A Vs. 6;
(-)]*šap-pa-ma-an* 5 A III 5 (hierzu?).

Kammenhuber, Pal. 15, 85.

ša-pa-na-a-an unb. Bd. oder Ableitung auf *-na-* von *šapa-* „reinigen“, vgl. heth. *šap(i̯i̯a)-* „reinigen; säubern“; luw. *šapii̯a(i)-* gl. Bd. und *šappa-* „abschälen“: Part. Sg. N.-A. n. 1 B 7. Vgl. auch]×*-pa-na-an* 3 A I 4?

ša-pa-u-i-na-i „reinigen; säubern(?)“, s. oben *šapanān*; Präs. Sg. 3. der *ḫi*-Konjugation: 2 A Vs. 10.

Kammenhuber, Pal. 21; 85.

šar-×-[12, 2.

šar-ku-ta-at unb. Bd. und Form; Prät. Sg. 3. (Kammenhuber) des Mediums oder N.-A. n. Sg. eines Adj.-Stammes; es scheint in Asyndeton mit dem folgenden *patḫinat* zu stehen, könnte aber gut Prädikat zum vorhergehenden *šunnuttila* sein, das sonst isoliert bleibt: 2 A Vs. 6.

Kammenhuber, Pal. 15, 85.

^{D}*Šāušḫallaš* Name einer Gottheit des pal. Pantheons, die an der 7. Stelle der Reihe genannt wird; entspricht im heth. Kontext ^{D}*Šau̯ašḫilaš*. Chatt. Ursprung möglich; in 2 A ohne Determinativ:

Sg. N. c. *Ša-a-u-uš-ḫal-la-aš* 2 A Rs. 17; B$_2$ 23 (*-ḫal*[*-la-*);
D. *Ša-a-u-uš-ḫal-la-aš*$^{!}$ 2 A Rs. 16.

Kammenhuber, Pal. 32, 85.

ša-a-u̯a-i̯a (*-i̯a*) „Becher“, heth. GAL^{ḪÁ}; vielleicht hierzu auch *ta(u)u̯ai̯a-(nta)*, q.v., wegen der Verwechslungsmöglichkeit der Zeichen *ŠA*/*TÁ*:

Pl. N.-A. n. *ša-a-u̯a-i̯a* 2 A Rs. 22.

Kammenhuber, OLZ 1955 Sp. 374; Pal. 36, 85.

ša-a-ú-i-da-a-ar „Horn“, heth. $^{(\mathrm{SI})}$*šau̯atar*, aber istanuwisch *šāúitra*:

Sg. N. n.(?) *ša-a-ú-i-da-a-ar* 1 A I 16, 5 ((-)*ša-a-ú-i-*[; =B 4);
A. c.(?) *ša-a-ú-i-ti-ra-an*(-) 1 A I 13.

Kammenhuber, OLZ 1955 Sp. 366, 373; Pal. 53f., 85.

še-eḫ-ḫa-an-na-aš unb. Bd. und Form; zur Bildung vgl. *malit-annaš*:

Pl. N. oder A. c. *še-eḫ-ḫa-an-na-aš* 3 B III 11 (=C 5, 14 (*-e*]*ḫ-* bzw. *-ḫ*]*a-*)).

-ši nach *-n-* und *-r-* evtl. *-zi*, enkl. Pronomen der 3. Pers. Sing. und Plur.; vgl. heth. Dat. Sg. *-še/-ši*. Vielleicht hat pal. *-ši* z.T. reflexivischen Wert:

Sg. (*maš-pa*)*-ši* 2 B_2 15; 2 A Vs. 25 (?); Rs. 9; (*-ku-ṷa-ar*)*-zi* 1 A I 1, 10;

Pl. (*ni-ppa*)*-ši* 1 A I 7, 9 (=B 6);

unklar: (*kitar*)*-zi* (?) 7 Rs. 12; unwahrscheinlich (*nu*)*-šši-*((*i̯*)*am-pi*) 2 A Vs. 22.

Kammenhuber, OLZ 1955 Sp. 366ff. passim; Pal. 23, 85.

šī- „suchen" oder „stechen"?

Prät. Sg. 3. *ši-i-it* 1 B 3 (=A 15 *š*]*i-it*); B 4 (=A 16 -]*it*);

Imper. Sg. 3. *ši-i-it-tu*(-) 1 A 10 (oder aber *šitt-*(*u*)*ṷar-an* zu zerlegen und dann wie oben?);

Evtl.? Pl. 2. *ši*(*-i*)*-it-ta-an* 1 A I 11 (2×), 12, 13 (s. jedoch unten).

Kammenhuber, Pal. 49, 53.

-]*š*[*i*]*-i̯a-*[3 A I 22.

ši-mi-i̯a-a-aš Attribut oder Adjektiv zur Qualifizierung einer Brotsorte; vgl. heth. UTÚL*šii̯a*(*m*)*mi-*?

Pl. Dat.-Lok.: 2 A Vs. 12, 17, 24.

Laroche, RHA XIII (1955) 75; Kammenhuber, Pal. 18, 85.

ši-ri-an unb. Bd. und Form; evtl. Sg. (N.-)A. (n.): 2 A Vs. 11.

Kammenhuber, Pal. 21.

ši(*-i*)*-it-ta-an*(-) unb. Form und Bd. Vielleicht mit *šī-* über eine Trennung *šitt-an*, 3. Sg. Prät. zu verbinden.

Wegen der Satz(end)stellung ist auch eine Auffassung als 3. Pl. Imper. auf *-*(*t*)*tan* möglich. 1 A I 11 (2×), 12, 13.

Kammenhuber, Pal. 49, 53, 86.

šu-ga-a-at[-? unb. Bd. und Form: 3 A Vs. II 9.

šuna- „füllen". Vgl. heth. *šunna-*, *šuni*(*i̯a*)-, gl. Bd.; s. auch *šuṷa-*.

Prät. Sg. 3. *šu-ú-na-at* 2 A Rs. 22;

Imper. Sg. 3. *šu-ú-na* 2 A Rs. 24.

Otten, AfO XV 81; Kammenhuber, OLZ 1955 Sp. 328f.; Pal. 14, 17, 36, 86; Gramm. 30f.; Meriggi, RHA XXI, 4.

šu-un-nu-ut-ti-la Ableitung auf *-til* (vgl. heth. *-zel*) von *šuna-* „füllen", also etwa „Füllung" (Kammenhuber):

Pl. N.-A. n. 2 A Vs. 4, 6, 8; C Vs. 9 (in Zusammenschreibung mit *an-da-*).

Kammenhuber, OLZ 1955 Sp. 374; Pal. 14f., 86.

(-)*šu-un-nu-u̯a-an-te-en-zi* unb. Bd.: vielleicht Ableitung von *šuna-* „füllen", jedoch Pl. N. c. nach „luwischer" Art eines Partizips *šunnuu̯ant-*, das nicht zu *šuna-* paßt: 4, 10 (in zerstörtem Zusammenhang).

]×-*šu-ú-ri-it* 4, 20: vgl. *šūrušūru-*?

šu-u-ru-šu-u-ru unb. Bd.; Sg. N.-A. n.: 2 B_2 20 (mit enkl. Pron. *-at*), 24 (mit enkl. Part. *-ma-* und *-at*).
Kammenhuber, Pal. 24, 86.

šu-u-uš-te(-)ḫa(-a)-an-da unb. Bd. und Form: evtl. *šūšteḫa-an-da* oder *šušte-ḫan-da* (Satzpartikel) zu trennen; 2 C 7 entspricht *tēmaḫ*, unb. Bd., wohl chattisch: 2 A Vs. 1 (*ḫa-a*[-); $= B_1$ 2.
Kammenhuber, Pal. 13; 86.

šu-u̯a-a-an-ta Partizip auf *-ant* von **šuu̯ā-* „füllen": vgl. heth., luw. *šuu̯a-* gl. Bd.; und hier oben *šuna-*, *šunnuttila*:
Pl. N.-A. n. 2 A Vs. 4 (*-da*), 9; B_1 6.
Kammenhuber, OLZ 1955, 358f.; Pal. 14, 86.

šuu̯aru- „voll" Adj.; „viel" Adv.; vgl. „heth." *šuu̯aru* mit und ohne Glossenkeil:
Sg. N. c. *šu-u̯a-ru-u*[*š* 4, 5;
N.-A. n. *šu-u̯a-a-ru* 1 A I 5 (so statt *šuu̯āruša*!).
Kammenhuber, Pal. 46, 86; Carruba, Wišurijanza 13f.

šu-u̯a-a-ša-la-a-an-za unb. Bd. und unsicherer Worttrennung (*šuu̯ā-šalānza*?); Sg. N. c. nach Kammenhuber, oder eher Pl. A. c. (s. davor *apanša*!) nach „luwischer" Art: 2 A Rs. 4.
Kammenhuber, OLZ 1955 Sp. 359ff.; Pal. 25, 86.

-t schwer zu bestimmende Partikel- bzw. Pronominalform:
-a]*š-ša-mu-ut* 2 C Rs. 5, (6?)
a-ra-an-ta-mu-ut 2 B_2 22; (aus *-mu-* „mich, mir" und *-(a)t*? heth. entspräche *-at-mu*, Friedrich, HEb² § 288; Carruba, Satzpartikeln § 8,2). Nach Kammenhuber, Pal. 86, evtl. aus dem Chatt.
Kammenhuber, Pal. 30, 86.

-da 5 A III 8 (vgl. Kammenhuber, Pal. 86).

-(t)ta und Nebenformen *-anta* und *-enta*; Satzpartikel: entspricht etym. und funktionell luw. *-(t)ta*, h.h. *-ta*, lyk. *te*, lyd. *-(i)t*; funktionell heth. *-kan*.
1. *-(a)nta*: 2 A Vs. 3 (2×), ($= B_1$ 4, 5; C 8, 9), 8; A Rs. 6, 7, 10; 3 A I 15 (= B III 10, C 3, 12);
unsicher: 1 A I 3, 4, 5, 14 (= B 2); 2 A Rs. 8 (2×); falls *ittin-anta* und *kartin-anta* statt *ittinan-ta* und *kartinan-ta* zu lesen, dann evtl. s. *-ta* unten);
-(e)nta 1 A I 6, 17; = B 5 (*a-(n)ti-(e)nta*, vgl. *a-ti-tta*);

2. *-ta* 2 A Rs. 9, 10; 3 A I 9, 10, 11 (=B III 5 (2×), 7, 17, 18; C 1, 9, 10); unsicher: s. oben sub 1.

-tta 2 A Vs. 11; Rs. 6, 9.

Kammenhuber, Pal. 39f., 88 (zu *-(t)ta* als Dat.-Akk. neben *tī* „du"); Meriggi, RHA XXI, 3ff.; Carruba, Satzpartikeln § 4, 1—4, S. 24ff.

ta-[4, 10.

-]*ta* 8 II 15.

da-aḫ-ḫa 9 Vs. 6: falls Verbalform, dann Prät. Sg. 1.

-]×*-ta-aḫ-ḫa-an-ta-an* 3 A I 5: wohl A. c. Sg. eines Part. auf *-ant-*; Verbalstamm auf *-ḫḫ-*, vgl. ebda. 10 *purtaḫḫ-*?

ták-ku-ra-an-da unb. Bd., Verbalform; Prät. Pl. 3.: 5 A II 23 (=B 6).

Kammenhuber, Pal. 69, 87.

takkuu̯a- Verbum unb. Bd., vgl. heth. *(dakku)dakkuu̯a(i)-* unb. Bd.?

Präs. Sg. 3. *ták-ku-u̯a-a-ti* 2 A Vs. 7; 3 A I 16 (= 3 B 11 *ták-k*]*u-u̯a-ga-ti*, wie C 4 *ták-ku-u̯a-ga*[*-ti*);

(Pl. 3. *ták-ku-*[*u̯a-(ga-)an-ti*? 3 C 13);

Part. Pl. N. c. *ták-ku-u̯a(-a)-an-te-eš* 2 A Rs. 6 (*-a-*), 7, 8.

Kammenhuber, Pal. 15, 26, 87; OLZ 1955 Sp. 355 Anm. 1, 374ff.

takkuu̯aga- s. unten *takkuu̯a-*: *-g-* ist als Gleitlaut zu erklären, falls man nicht an eine Verwechselung der Zeichen *GA* statt *TA* denken will.

dam-ma-ri-ga unb. Bd., vielleicht N.-A. n. Pl. eines Adj. auf *-ika-*: 5 A III 21.

Kammenhuber, Pal. 33.

ta-a-a[*n-* (oder *ap-*? s. Anm. zum Text) 5 A II 24, vgl. unten *tannanii̯a*, *tānnii̯a* im gleichen Text.

ta-an-na-ni-i̯a unb. Bd. wahrscheinlich Dat.-Lok. Sg., vgl. *dānniš*, *tānnii̯a*? 5 A II 22.

dānni- unb Bd.

Sg. N. c. *da-a-an-ni-iš* 5 A II 23;

Dat. *ta-a-an-ni-i̯a* 5 A II 24 (=B 7).

Kammenhuber, Pal. 87.

ta-a-ni-(du-tta) unb. Bd. und Form; 2 A Rs. 9: vielleicht *ga*!*-a-n*(i)- zu lesen und *gān(i)-* als A. Sg. des Demonstrativums *-ka-*, q.v., zu verstehen.

Ein Demonstrativum *tā-* ebenfalls möglich, jedoch im Pal. unbewiesen.

Kammenhuber, Pal. 26, 87 (= Imperativ *tānidu-tta*); Carruba, Satzpartikeln § 4.2, S. 25.

-]×-*ta-a-an-ta* 4, 12: vermutlich Prät. Pl. 3.

tabarna- Ehrentitel für den König, etwa „Herrscher; Souverain", chattischer Herkunft.

Sg. N. *ta-ba-ar-na-aš* 2 A Vs. 5; 10, 26, Rs. 3; B_2 21 (*-na-ša*); 3 A I 15 (= B III 10, 21; C 16); 4, 6; 8 II 9 (einige dieser Belege evtl. Gen., z.B. 2 A Vs. 5, 26);

V. [*ta-b*]*a-ar-na* 2 A Rs. 24;

A. *t*]*a-ba-ar-na-an* 5 A III 14;
unsicher, ob N. oder A.: 4, 21 (*ta-ba-ar-na-a*[*š*/*n*; 5 B 8 (*-n*[*a-*);

D. *ta-ba-ar-na-i* 3 A I 17 (= C 5 *ta-ba-ar-n*[*a-i*; vgl. Z. 6 *tau̯anann*]*ai*; so wohl auch 14);
ta-ba-ar-ni 2 A Vs. 21, Rs. 10 (*-na-ni*, entsprechend folgendem *ta-u̯a-na-ni*); 3 B III 12;
unsicher: *ta-ba-a*[*r-* 2 B_2 17.

Kammenhuber, Pal. 27f.; 87.

(-)*ta-pa-a-at-ta* 4, 9: unklar, ob Substantiv oder aber Verbalform, dann vgl. luw. *tappa-* „spucken"? Laroche, DLL 90.

tar-ra-la-a-ti 7 III 9: wohl Präs. Sg. 3.

]-×(-)*tar-ta* unb. Bd. und Form, s. jedoch Folgendes: 5 A III 19.
Kammenhuber, Pal. 27, 67, 88.

(-)*tar-ta-kat* unb. Bd., Weiterbildung auf *-ka-* von *tarta*(*n*), q.v.? Sg. N.-A. n.: 7 II 8.
Kammenhuber, Pal. 29, 88.

ta-ar-ta-an unb. Bd. und Form; vielleicht A. Sg., evtl. Part. auf *-ant-*, 2 A Rs. 9; vgl. Vorhergehendes.
Kammenhuber, Pal. 26, 88.

tar-ta-ša-a-at[(-)? unb. Bd. und Form, Trennung des Wortes unsicher: 3 A II 13; vgl. vorige Stichwörter.

ta-šu-ú-ra unb. Bd., Lok. Sg.: 2 A Rs. 7.
Kammenhuber, Pal. 25, 88.

tāu̯ai̯a-(*nta*) oder *tāu̯a-i̯a-nta* mit unsicherer Worttrennung; falls mit *šau̯ai̯a* „Becher", N.-A. n. Pl., wegen des Wechsels bzw. Verschreibung *TA*/*ŠA*, identisch, dann ist vielleicht *tau̯ai̯a-* die ursprüngliche Form: etym. mit luw. *dāu̯i-* „Auge", semantisch mit heth. *šakui-* „Auge" und „Quelle" (Friedrich HWb. 2. Erg.-Heft 21) zu vergleichen?

Pl. N.-A. n. *ta-a-u-u̯a-i̯a-an-ta* 2 A Vs. 3 (= B_1 4 *-a-u̯a*; C Vs. 8).

Kammenhuber, Pal. 14, 88.

SAL*tau̯ananna-* Ehrentitel für die Königin, etwa „Herrscherin" o. dgl., chattischer Herkunft. Immer mit Determinativ SAL:

Sg. N. *ta-u̯a-na-an-na-aš* 2 A Vs. 5; 3 C 16 (*ta-u̯a-n[a-an-na-aš*); ebenfalls stark fragmentarisch erhalten: 4, 6; 5 A III 3, 16, 18. Einige der Belege könnten evtl. Gen. sein, wie z. B. 2 A Vs. 5.

A. *ta-u̯a-an-na-an-na-an* 5 A III 12, 14; fragmentarisch ebda. 6;

D. *ta-u̯a-na-ni* 2 A Rs. 10; 3 B III 12 (*-na-an-ni*);
ta-u̯a-na-an-na-i 3 A I 17 (*ta-ba-ar-na-i* SAL*ta-u̯a-na-an-na-i̯a*, d. h. mit *-a* „und"); fragmentarisch C 6 (nur *-n]a-i* erhalten).

Kammenhuber, Pal. 27 f.; 88.

ta-ú-da-an 8 II 5.

taz- „legen; nehmen"?? *-z-* ist schwierig zu erklären: vielleicht Reduplikation aus **ta-tu(u̯a)-* mit *-t-* zu *-z-* vor *-u.*

Prät. Pl. 3. *ta-a-az-zu-un-ta* 2 A Vs. 9;

Imper. Sg. 2. *ta-a-az-zu* 2 A Rs. 8, *ta-a-zu* ebda.

Kammenhuber, Pal. 17, 26, 88.

tekanza oder *tetanza* unb. Bd.; Verbalform, wohl Partizip auf *-ant-*:

Sg. Nom. c. *te-e-ka-an-za* 3 B III 7, 19 (*te-e-k]a-an-za*);
te-ta-a-an-za 3 A I 12.

te-e-ma-aḫ unb. Bd. und Form; chattischer Herkunft: steht 2 C Vs. 7 anstelle von *šušteḫanda* der Duplikate.

Kammenhuber, Pal. 13.

te-en-zi heth. oder evtl. hethitisierte 3. Pl. Präs. (Kammenhuber), vgl. etwa *dānzi* (entsprechend Wechsel *ašendu/ašandu*?) 5 A III 12.

Kammenhuber, Pal. 67, 88.

te-ta-a-an-za 3 A I 12, s. *tekanza*.

-]ti 7 Rs. 9; 8 II 11.

-ti(-) enkl. Partikel mit (vielleicht) reflexiver Funktion; luw., h. h. *-ti*, lyk. *ti*, lyd. *-(i)τ*, heth. *-z(a)*:

-ti 2 A Vs. 7 (3 ×); 15, 20;
-ti-(tta) 2 A Vs. 11;
-(a)nti-(enta) 1 A I 6, 17 (= B 5).

Kammenhuber; Pal. 39, 62, 88; Gramm. 35 (immer als Personalpron. „du"); Meriggi, RHA XXI, 3 ff.; Carruba, Satzpartikeln 39 ff.

ti „du", Personalpronomen der 2. Pers. Sg.: heth. *zik*.

N. *ti-i* 2 A Vs. 21, 22 (3 ×), 23 (2 ×); Rs. 8 (2 ×);
ti- in *ti-ku-ar* 2 A Rs. 24;

A.-Dat. *tu-ú* 2 A Vs. 15, 20 (= B_2 6, 13).

Kammenhuber, Pal. 39, 88; Gramm. 35; Meriggi, RHA XXI, 3 ff.; Carruba, Satzpartikeln S. 70.

Ti̯az Name des Sonnengottes, als 3. Gottheit der pal. Götterreihe; vgl. luw. *Tiu̯az*, gl. Bd., und heth. *šiu̯att-* „Tag" (Nom. *šiu̯az*). Immer ohne Determinativ geschrieben und unflektiert (s. jedoch unter *u̯a$_a$/pašḫullati̯aš*):
Sg. N. c. *Ti-i̯a-az*(-) 1 A Vs. 8; 2 A Vs. 21 (=B_2 7 *ti-*[); 2 A Rs. 14;
Dat. (!) *ti-i̯a-az* 2 A Rs. 14;

Kammenhuber, Pal. 32, 50, 89; Laroche, RHA IX (1949) 10f.; Otten, Bestimmung 51f.

(-)]*ti-ki-i̯a-aš* 5 A III 9.

ti-ku-ar s. unter *tī*.

ti-(i-)li-la Nomen unb. Bd.; N.-A. n. Pl.: 3 A I 14 (=B III 9, 20; C 3, 12).

-]×-*ṭi-pa-an* 10, 4; A. c. Sg., entweder Göttername auf *-tipa-* (= *-zipa-/ -šepa-*) oder heilige Lokalität im Palast bzw. Tempel (vgl. chatt. *kaškaš-tipa-*).

ti-ú-na-aš Nomen unb. Bd.; Beiname des Gottes *Zaparu̯a* in 3 B III 16 (*tiúnaš tiúnaš*); in zerstörtem Zusammenhang 3 A I 20 (*laman tiúnaš* in heth. Kontext). Unklar, ob Nom. c. oder aber Gen.

Nach Otten, AfO XXII (1968) 112, ist das Wort dem Ideogramm GUD.MAḪ gleich.

ti-u̯a-ni[(-) unb. Bd., vielleicht 1. Pers. Pl. Präs.: 5 A III 13.

Kammenhuber, Pal. 67f., 89.

tu-ú „dich, dir", s. unter *tī*.

-du(-) „ihm, ihn", enkl. Pronomen der 3. Pers. Sg.:

1. 1 B 5 (]*i̯u-ku-u̯ar-(a-)du*, = A I 17); 2 A Vs. 25 (*apan-(i-)du*); Rs. 2, 24 (*a-du*); B_2 14 (*ḫinmu-du*);
2. 2 A Rs. 9 (*tān(i-)du-(tta)*).

Merigi, RHA XXI 3ff.; Carruba, Satzpartikeln S. 45f.; Kammenhuber, Pal. s. einzelne Stichwörter: überall Imper. 2. Sg.

(-)]*tu-ú*-×[4, 18: lies *tu-ú*(-) „dir, dich"?

-×-*du-li-en* 10, 9: A. c. Sg.: Name eines Gottes bzw. einer Lokalität im Tempel.

tu-um-ma-qa-ši unb. Bd. und Form; evtl. Verbalform: 2. Sg. Präs.: 7 Rs. 10.

-]*tu-mar-ša*[wohl *ḫu-i-*]*tu-mar-ša* zu ergänzen, q.v.

tu-ú-u̯a Ausruf unb. Bd. im gesangartigen Teil des Mythos, vielleicht chattischer Herkunft.

1 A IV 4 (2×), 5, 6 (2×), 7, 8 (2×), 9, 11, 13, 15; C 5.

Kammenhuber, Pal. 59f. 89.

tu-u̯a-u̯a$_a$-an-te-li Ausruf unb. Bd. im gesangartigen Teil des Mythos, chattischer Herkunft.

1 A IV 4, 5, 6, 7, 8 (= C 1 *-a*]*n-te-li*).

Kammenhuber, Pal. 59f., 89.

ua . . . s. *u̯a* . . .

ú-×[2 D 3.

ú-e-er-ti „sagen; rufen", heth. *úer*(*i̯a*)- gl. Bd., vgl. auch *-u̯ar-*: Präs. Sg. 3. *ú-e-er-ti* 1 A I 8.

Kammenhuber, Pal. 50, 90.

ú-i̤[- 5 B 6.

úišta- Bezeichnung einer Brotsorte, vgl. „heth." ^{NINDA}*úištaš*, luw. ^{NINDA}*uištatnimiš*:

Sg. N. c. *ú-iš-ta-aš* 2 A Vs. 13, 14, 18, 19 (= B_2 4, 5: *ú-i-iš*[*-ta-aš*; 11, 12); 3 A II 6, 7 (*ú-i-iš-ta*[*-aš*).

Kammenhuber, Pal. 18f., 90.

úite- „bauen (Kammenhuber); bringen (?)", vgl. heth. *u̯ete-* „bauen"; oder *u̯i/eda-* „(her)bringen":

Präs. Sg. 2. *ú-i-te-ši* 2 A Vs. 23 (2×), = B_2 9 *ú-i-ti-ši*.

Kammenhuber, OLZ 1955 Sp. 365, 375; Pal. 22, 91.

-]*ú-ku* 4, 17; evtl. [*nu-*]*ú-ku* zu ergänzen.

ú-la-a-an-na vielleicht „Wiese", vgl. heth. *u̯ellu-* gl. Bd.:

Sg. Lok. 1 A I 2, 14.

Kammenhuber, Pal. 55, 91.

ú-li[(-) 1 A IV 3. Vgl. heth. *ulili-* „das Grüne", s. hier unten.

^{D}*Ulilii̯antikeš* Bezeichnung einer Gruppe „pal." Gottheiten, die an der 10. Stelle der üblichen Götterreihe genannt werden; vgl. „heth." ^{D}*Ulilii̯ašši-*, beides wohl mit heth. *ulili-* „das Grüne", *ulilii̯a-* „grünen" und hier oben *úli*[*li-*? zusammenzustellen.

Pl. Dat. ^{D}*Ú-li-li-an-ti-ga-aš* 2 A Rs. 18.

Kammenhuber, OLZ 1955 Sp. 369f.; Pal. 32f., 91. Zu heth. Entsprechungen, s. Laroche, Recherches 70; Güterbock, Or. NS XXV (1956) 129; Otten, ZA NF XX (1961) 149 Anm. 304.

ú-um-ma-(*i-*)*i̯a* unb. Bd. und Form im gesangartigen Teil des Mythos; unklar, ob chattischer oder palaischer Herkunft: letzteres möglich nach der Ableitung (?) *ummai̯alla*, q. v.

1 A IV 9 (nur dies om. *-i-*), 11, 13, 15, 17, 19 (= C 2, 4, 7, 9, oft lückenhaft).

Kammenhuber, Pal. 60, 91.

ú-um-ma-i̯a-al-la unb. Bd. und Form im gesangartigen Teil des Mythos; palaisch? s. oben *úmmai̯a*: 1 A IV 9, 11, 13, 15, 17 (*ú*-[*um*-); (= C 2, 5, 7, 9, 11, oft lückenhaft).

Kammenhuber, Pal. 60, 91.

]×-*ú-ni* 5 A III 11; s. Kammenhuber, Pal. 67f. mit Anm. c.

ú-ra-a[(-) unb. Bd. und Form: 6 Vs. 3.

u̯aḫarii̯a- „fehlen; stürzen"?? Bd. sehr unsicher, vgl. heth. *u̯aqqarii̯a-*? oder andere Ableitung von einem dem heth. *u̯eḫ-/u̯aḫ-* „sich wenden" parallelen Verbum?

Part. Sg. N. c.: *u̯a-ḫa-ri-i̯a-an-za* 3 B III 6, 18 (-*r*]*i-an-za*);
C 10 (-]×-*an-za*);
u̯a-ḫa-ri-i̯a-an-zi 3 A I 11.

u̯]*a*?-*aḫ-ḫa-ši*(-) 4, 2: Präs. Sg. 2.?

u̯aqq- „beißen" (Kammenhuber), oder eher „brechen; teilen"? Zur Graphik, s. unten und Kammenhuber, Pal. 89.

Prät. Pl. 3.: *u̯a-aq-*[*qa*]*kán-ta* 2 A Rs. 12, 13; 19 (Text -*aq-qa-kán*-).

Otten, ZA XIV 131 Anm. 21; Kammenhuber, OLZ 1955 Sp. 358; Pal. 28, 89.

[*u̯*]*a*$_a$-*a-na* unb. Bd. und Form (Lok. Sg. nach Kammenhuber): 1 A IV 18.

Kammenhuber, Pal. 62, 90.

-*u̯*]*a*$_a$-*an-ta* vielleicht als *a-at-ta-u̯*]*a*$_a$-*an-ta* zu ergänzen, q.v.; 1 A IV 5.

Kammenhuber, Pal. 44, 60, 90.

(-)*u̯*]*a-an-ta-an-*(*ku-u̯a-ra-an*) 1 A I 19, viell. mit *pikku-*, q.v., als ein Wort zu vereinen.

]×-*u̯a-a-ap-na-an*[5 A III 23 (vielleicht *n*]*a-* am Wortanfang).

-*u̯ar-* Partikel der zitierten Rede: heth. -*u̯a*(*r*)-, luw., h.h. -*u̯a-*.

šit(*tu*-)*u̯ar*-(*an*) oder *šittu-u̯ar*-(*an*) 1 A I 10;
(-*ku*)-*u̯ar* 1 A I 8, 16; 2 A Vs. 21, 22; Rs. 24 (-*ku-ar*);
(-*ku*)-*u̯ar*-(*an*) 1 A I 11, 12, 13, 19; B 1;
(-*ku*)-*u̯ar*-(*a-du*) 1 B 5;
(-*ku-u̯ar*-(*zi*) 1 A I 1, 10.

Kammenhuber Pal. 49ff.; 90; Gramm. 22, 24; Carruba, Satzpartikeln S. 69ff.

u̯a$_a$-*a-ar-ra-kat* unb. Bd.; vgl. jedoch luw. (*aḫra-*) *u̯aḫra-*, magische Ritualformel? und *arrakat* 5 A II 21 (= B 3).

Sg. N.-A. n.: 7 Vs. 9.

Kammenhuber, Pal. 29.

[u̯]a$_a$-ar-ki-i̯a unb. Bd. und Form; nach Kammenhuber Dat.-Lok. Sg., 1 A IV 12 (= C 6 *-k]i-i̯a*).

Kammenhuber, Pal. 62, 90.

u̯a-ar-la-ḫi-iš unb. Bd.; Pl. N. c.: 2 A Rs. 7.

Kammenhuber, Pal. 26, 90.

]×*-u̯a-ar-na-aš* vielleicht *ḫ]u-u̯a-ar-na-aš* zu lesen: 4, 24.

u̯]a-ar-pa-i-in-zi unb. Bd. und Form, vgl. jedoch luw. *u̯arpa-* „?“. Auch die Form kann ein „luw.“ N. c. Pl. sein: 4, 11.

u̯a$_a$ašḫullatii̯aš schwierig zu beurteilendes Wort: vielleicht Kompositum aus *u̯a$_a$šḫulla* (vgl. *pašḫullašaš*; und dieses Ableitung aus dem „kollektiven“ *u̯a$_a$-aš-ḫa-u̯i$_i$-* „die Götterschaft“, seinerseits aus *ašḫap/u-* „Gott?) und *tii̯aš*, Verballhornung von *Tii̯az* „Sonne; Sonnengott“?

u̯a$_a$-a-aš-ḫu-ul-la-ti-i̯a-aš 3 A I 10; *u̯a$_a$-aš-ḫu-la-ti-i̯a-aš* B III 6; C 9 (*u̯[a$_a$-*).

-]×*-u̯a$_a$-ši-in*, vermutl. $^{D/NINDA}$*t/za-pá]r-u̯a$_a$-ši-in* zu ergänzen und als „Zaparu̯aši-Brot“ zu verstehen, womit das „*taparu̯ašu*-Brot“ der heth. Rituale vergleichbar ist? Auch das Verbum: *zuzzuu̯a[i?*, vielleicht „speisen“ nach „heth.“ *zuu̯a-* „Speise; Brot“, deutet in diese Richtung:

Sg. A. c. 1 A IV 2 und 1 (nur *-š]i-in* erhalten).

u̯ašu „gut“, fast immer unflektiert, wohl in adverbiellem Gebrauch; vgl. luw. *u̯ašu-* gl. Bd.:

Sg. N.-A. n. *u̯a-a-šu* 2 A Vs. 13, 14, 18, 19 (= B$_2$ 4, 5, 11, 12), 26; D 4 (*u̯a-a-šu[*); 11, 7 (*u̯a-a-]šu*, vgl. 2 A Vs. 26);
(-)*u̯a-šu* (in Zusammenschreibung mit *nu(-ú)-* 2 A Vs. 2 (2 C Vs. 8; B$_1$ 3 *nu-u̯[a-šu]*);

unklar: *u̯a-a-šu(-ma-aš)* 3 A II 11 (evtl. Pl. A. c.?);

A. c. *u̯a-a-šu-n(a-at)* 3 A II 12.

Bossert, MIO II (1954) 96ff.; Kammenhuber, Pal. 14, 18, 90.

u̯a-šu-u-ḫa unb. Bd., jedoch Verbindung mit *u̯ašu* „gut“ wahrscheinlich; Verbalform:

Prät. Sg. 1. (?): 2 A Rs. 23.

Kammenhuber, Pal. 37f., 90.

u̯a-a-šu-ki-ni-eš wohl Ableitung von *u̯ašu*, unklarer Bedeutung, Attribut von *u̯u$_a$lašinikieš* oder umgekehrt (Kammenhuber):

Pl. N. c. 2 A Vs. 12, 17, 24 (= B$_2$ 10, *u̯a-a-š[u-*).

Kammenhuber, Pal. 18, 90.

u̯a-a-šu-ni-ki-eš unklar, ob wiederholte Verschreibung vom vorhergehenden oder weitere Ableitung mit gleicher Funktion.

Pl. N. c.: 2 D 5; 3 C 8.

Kammenhuber, Pal. 33, 90.

u̯a-at-ta-na vielleicht Dat.-Lok. eines unbelegten **u̯atar* „Wasser“: 7 Rs. 7. Vgl. luw. *u̯attanei* KUB XXXV 133 II 24.

Kammenhuber, Pal. 65, 90.

u̯a-at-ḫa-la-aš unb. Bd., Attribut zu ^{LÚ}*mai̯anza*; N. c. Sg.: 1 A IV 10 (= C 3).

Kammenhuber, Pal. 61, 90.

u̯a$_{a}$*-ti-i̯a-am-pi* unb. Bd., in *u̯a*$_{a}$*tii̯a-ampi* oder *u̯a*$_{a}$*tii̯an-pi*, d.h. + Partikel -(*a*)*mpi* bzw. -*pi*, dementsprechend die Formen als Dat.-Lok. bzw. A. c. zu deuten: 1 A Rs. IV 14, 16 (= C 8, 10).

Kammenhuber, Pal. 22, 61, 90.

u̯a$_{a}$*-ti-la-kat* unb. Bd., chattischer Herkunft; Sg. N.-A. n.: 3 A I 17 (= B III 12; C 6, 15); 4, 8 ([*u̯*]*a*$_{a}$*-ti-i-la-kat*).

Kammenhuber, Pal. 29.

u̯u$_{á}$*/puzzannikat* unb. Bd., chattischer Herkunft (es scheint, mit *u̯a*$_{a}$*tilakat*, q.v., etwas Wünschenwertes in einer Segens(?)formel zu bezeichnen).

Sg. N.-A. n.: *u̯u*$_{á}$*-ú-uz-za-an-ni-kat* 3 A I 18 (2×); 4, 8;
u̯u$_{á}$*-uz-za-ni-kat* 3 B III 13; *u̯u*$_{á}$*-za-an-ni-kat* 3 C 6;
pu-za-an-ni-kat 3 C 15.

Kammenhuber, Pal. 29f., 91.

u̯u$_{á}$*/pulašina-* „Brot“, Lehnwort aus dem chattischen *pu/u̯u*$_{á}$*lašne* gl. Bd. (vgl. „heth.“ ^{NINDA}*zippulašši-/šni-* „eine Gebäcksorte“, vielleicht aus dem chatt. „Akk.“ Pl. *eš-u̯u*$_{á}$*lašne*, mit *s* zu *z* vor *u̯u*$_{á}$*/f/?*):

Sg. N. c. *u̯u*$_{á}$*-la*(*-a*)*-ši-na-aš* 2 A Vs. 15 (-[*la-*]*a-*), 20 (= B_2 6, 13); D 8 (*-la-a-*);

Lok. *u̯u*$_{á}$*-la-a-ši-na* 2 A Vs. 8; B_1 5; *pu-la-a-ši-na* 2 A Vs. 5 (nach Kammenhuber, a.a.O., ist diese Form auf *-a* ein N.-A. n.: ein Lokalis wird jedoch durch die Satzpartikel *-nta* und durch den Satzzusammenhang verlangt. Hiermit erledigt sich auch die Annahme einer „Apposition“ *šunnuttila*);

Pl. Dat.-Lok. *u̯u*$_{á}$*-la-ši-na-aš* 2 A Vs. 13, 14, 18. 19;

unsichere Formen: *pu-u-*[*la-š*]*i-na-aš* 10, 12 (vgl. Z. 8 *-n*]*a-aš*? Nach Zusammenhang könnten diese Belege auch A. c. Pl. sein!); *u̯u*$_{á}$*-la-a-š*[*i-na-* 3 A II 5; *pu-la-*[2 C Vs. 11.

Kammenhuber, Gramm. 20; Pal. 14, 18f., 20, 84; Laroche, RHA XIII (1955) 74ff.

u̯u$_{á}$*lašinikeš* gelegentlich mit dem Zeichen *DI* statt *KI* geschrieben (s. Anm. zum Text); adjektivische Ableitung aus dem vorhergehenden, es ist jedoch unklar, ob dieses oder das folgende *u̯ašukineš* als Hauptwort gebraucht wird; Pl. N. c.: 2 A Vs. 12 (*-ne-*), 17, 24.

Kammenhuber, OLZ 1955 Sp. 374; Pal. 18, 91.

z̤a-am-ša-i 2 B_2 25, oder *a̤-am-ša-i*, q.v., zu lesen: Pronominalform?

(-)]*za-an-ti-kán* 8 II 3.

^{D}*Zaparu̯a(t)-* Name des ersten Gottes der pal. Götterreihe, der somit auch den höchsten Gott des „pal." Pantheon bezeichnet. Chattischer (wegen der Graphik, Kammenhuber) oder allgemein anatolischer (Laroche) Herkunft; in heth. Ritualen erscheint er als ^{D}*Ziparu̯a*$_a$ in der Stammform und nur gelegentlich flektiert, was dagegen im Pal. immer der Fall ist:

Sg. N. ^{D}*Za-pár-u̯a*$_a$*-az* (aus *-ts*) 2 A Rs. 11 (evtl. in vok. Funktion);

V. ^{D}*Za-pár-u̯a*$_a$(*-a*) 2 A Vs. 1 (2×) (= B_1 1; C Vs. 7 (2×)); Rs. 19; 3 B III 4 (und wohl 16);

A. [^{D}]*Za-pár-u̯a*$_a$*-a-ta*$^{!}$*-an*(-) (Text *-ša-*) 2 A Vs. 7; evtl. 3 A I 20 (*-t*]*a-an*);

Dat. ^{D}*Za-pár-u̯a*$_a$*-a-i* 2 A Rs. 22; 3 B III 10, 21 (^{D}*Z*[*a-*); ^{D}*Za-pár-u̯a*$_a$*-a-ta-i* 3 A Vs. I 15;

Adj.Gen. ^{D}*Za-pár-u̯a*$_a$*-ta-ša-aš* 1 A IV 10 (= C 3);

unsichere Formen oder Bildungen: ^{D}*Za-pá*]*r-u̯a*$_a$*-ši-in* 1 A IV 2 (vgl. 1; A. c.).);

[^{D}]*Za-pár-u̯a-a-ša-an-* vielleicht mit irrtümlichem *ŠA* statt *TA*, s. oben Sg. A.

Als flektierte Formen erscheinen im heth. Kontext m.W. nur

Gen. ^{D}*Zi-pár-u̯a*$_a$*-a-aš* KUB V 7 Rs. 5;

A. ^{D}*Zi-pár-u̯a*$_a$*-a-an* Bo 69/894; Bo 4902 lk. Kol. 19.

Laroche, Recherches 92; Otten, ZA NF XIV (1944) 121ff. passim; Kammenhuber, OLZ 1955 Sp. 358ff. passim; Pal. 15, 34, 60f., 92.

-zi wahrscheinlich lautlich bedingte Nebenform der Partikel *-ši*, q.v.

Kammenhuber, Pal. 92.

-z]*i* 7 Rs. 12.

-]×*-tar-zi* 7 Rs. 13.

zi-iz-za-ru-u-pí-i̯a unb. Bd., falls pal., evtl. Dat. Sg., aber auch reduplizierte Verbalform (Imper.?) möglich:

1 A IV 9, 11, 13, 15 (= C 5).

Kammenhuber, Pal. 60, 92.

zu-uz-zu-u̯a[(-) unbestimmbare Form, da Belege lückenhaft; eine Bedeutung „speisen" wird durch das vorhergehende $^{D/NINDA}$*t*/*zapá*]*ru̯a*$_a$*šin* nahegelegt, vgl. luw. und heth. *zuu̯a-* „Speise; Brot":

1 A IV 2 und 1.

Kammenhuber, Pal. 58.

Abb. 1

KUB XXXII 18

Text 1. A Rs., mit altem Duktus

TAFEL II

Abb. 2

KUB XXXV 165 (264/f)
Text 2. A Rs., mit altem Duktus

KUB XXXV 164
Text 7 Rs., mit altem Duktus

Abb. 3

KBo XIX 152

Text 3. A Vs.